Impressum
Verlag: BABADADA GmbH, Nedderfeld 112 , 22529 Hamburg
Geschäftsführer / Verlagsleitung: Harald Hof
Druck: Books on Demand GmbH, In de Tarpen 42, 22848 Norderstedt

Imprint
Publisher: BABADADA GmbH, Nedderfeld 112 , 22529 Hamburg, Germany
Managing Director / Publishing direction: Harald Hof
Print: Books on Demand GmbH, In de Tarpen 42, 22848 Norderstedt, Germany

школа

мактаб

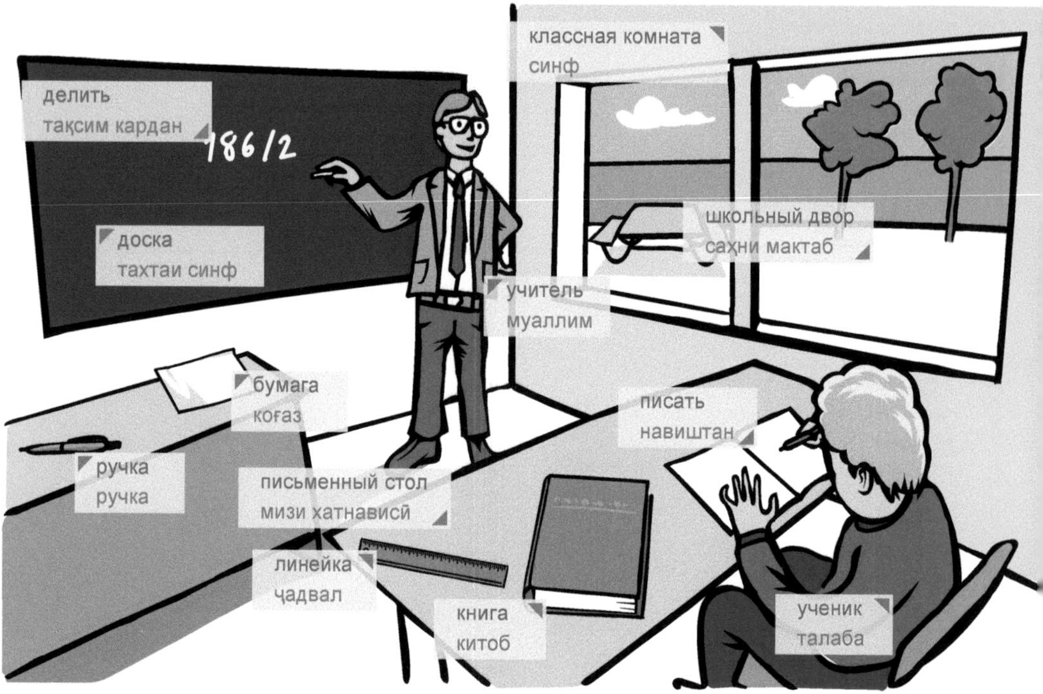

классная комната
синф
делить
тақсим кардан
186/2
доска
тахтаи синф
школьный двор
саҳни мактаб
учитель
муаллим
бумага
коғаз
писать
навиштан
ручка
ручка
письменный стол
мизи хатнависӣ
линейка
ҷадвал
книга
китоб
ученик
талаба

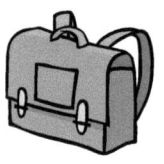

ранец

ҷузвдон

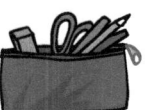

пенал

қаламдон

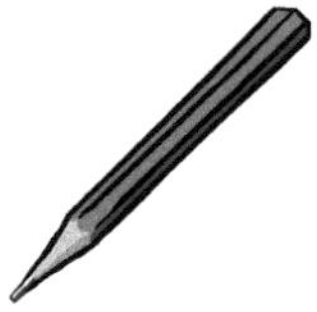

карандаш

қалам

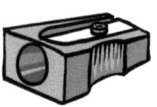

точилка

қаламтезкунак

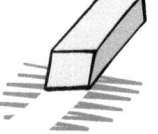

ластик

хаткуркунак

альбом для рисования

блокноти расмкашӣ

рисунок

расм

кисточка

мӯқалами рассомӣ

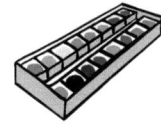

коробка красок

қуттии рангҳо

ножницы

қайчӣ

клей

широеш

тетрадь

дафтари машқ

домашняя работа

вазифаи хонагӣ

цифра

рақам

прибавлять

ҷамъ кардан

вычитать

кам кардан

умножать

зарб задан

считать

ҳисоб кардан

буква

ҳарф

алфавит

алфавит

слово

калима

текст

матн

читать

хондан

мел

бӯр

урок

дарс

классный журнал

журнали синфӣ

экзамен

имтиҳон

диплом

шаҳодатнома

школьная форма

либоси мактабӣ

образование

таҳсил/маориф

энциклопедия

энсиклопедия

университет

донишгоҳ

микроскоп

микроскоп (more frequently used)

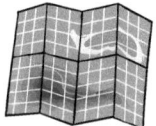

карта

харита

корзина для бумаг

сабади партофҳои коғазӣ

путешествие

саёҳат

гостиница
меҳмонхона
Grand
турбаза
хобгоҳ
ROOMS
CHANGE
пункт обмена валюты
нуқтаи мубодилаи асъор
чемодан
чамадон
автомобиль
мошин

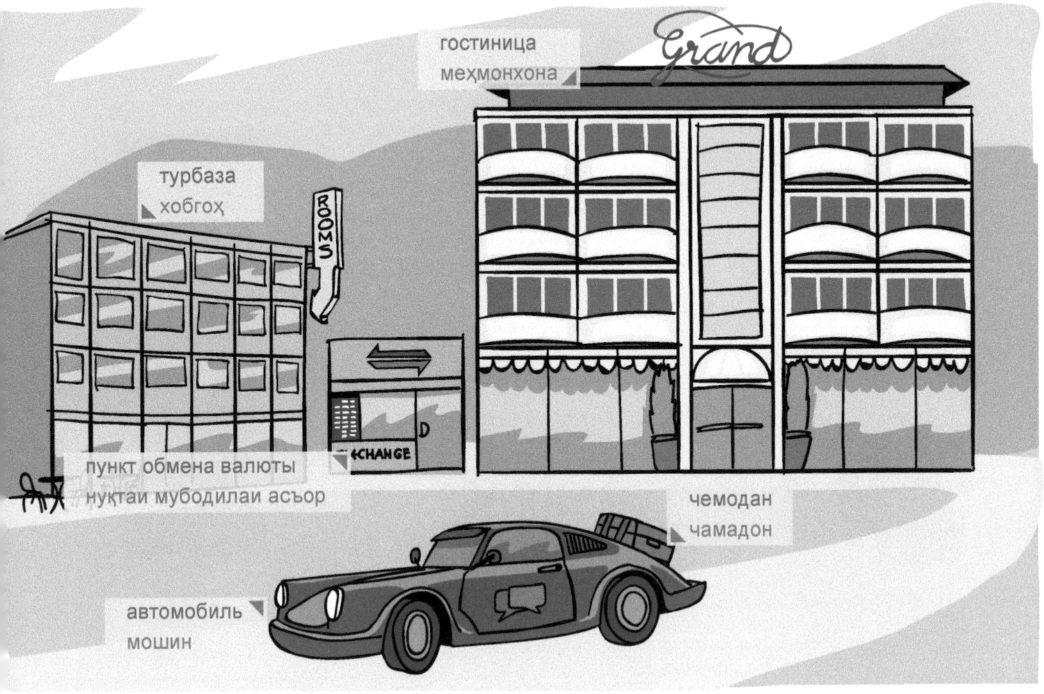

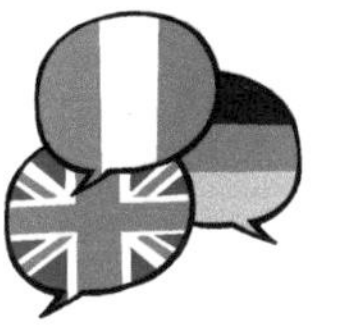

язык

забон

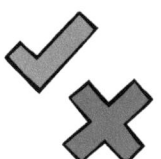

да / нет

ҳа / не

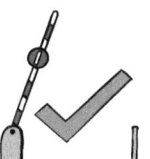

хорошо

Хуб

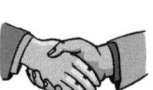

Привет

Ассалому алейкум

переводчик

тарҷумон

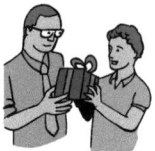

Спасибо

Раҳмат

Сколько стоит…?

чӣ қадар аст …?

Я не понимаю

Ман намефаҳмам

проблема

проблема

Добрый вечер!

шаб ба хайр!

Доброе утро!

субҳ ба хайр

Доброй ночи!

шаби хуш

До свидания

хайр

направление

равона

багаж

бағоч

сумка

ҷузвдон

рюкзак

борхалта

гость

меҳмон

комната

хона

спальный мешок

хобхалта

палатка

хайма

туристическая информация
....
маълумоти сайёҳӣ

пляж
....
соҳил

кредитная карточка
....
корти кредитӣ

завтрак
....
наҳорӣ

обед
....
хӯроки пешин

ужин
....
хӯроки шом

билет
....
чипта

лифт
....
лифт

почтовая марка
....
марка

граница
....
сарҳад

таможня
....
Гумрук

посольство
....
сафорат

виза
....
раводид

паспорт
....
шиноснома

транспорт

нақлиёт

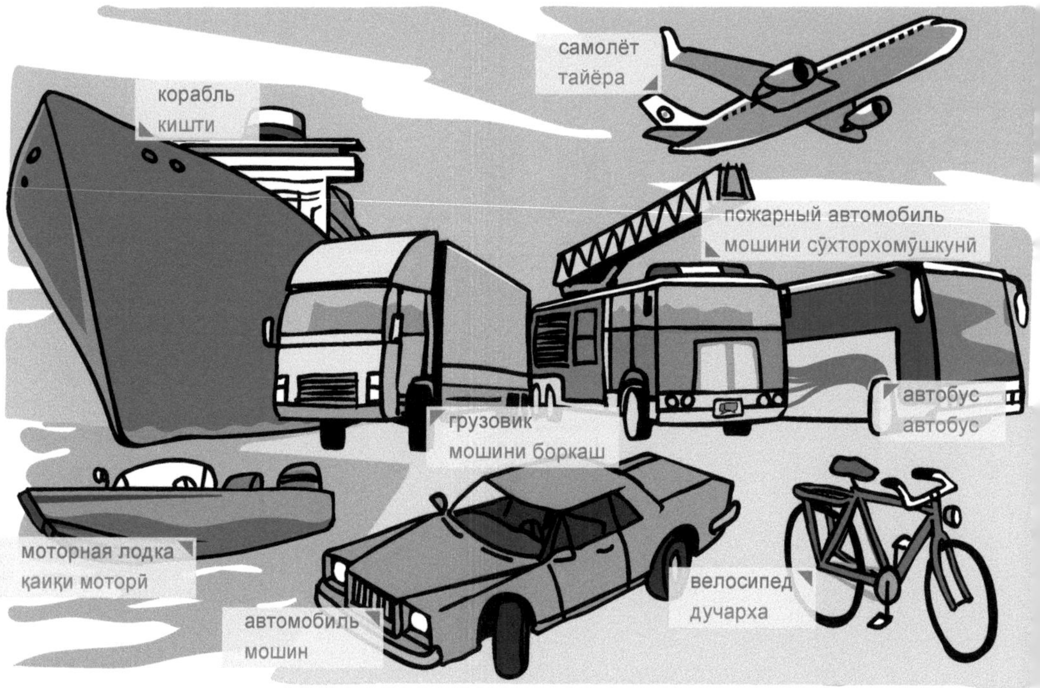
самолёт
тайёра
корабль
кишти
пожарный автомобиль
мошини сӯхторхомӯшкунӣ
автобус
автобус
грузовик
мошини боркаш
моторная лодка
қаиқи моторӣ
велосипед
дучарха
автомобиль
мошин

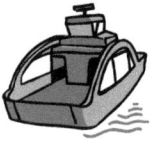

паром

паром

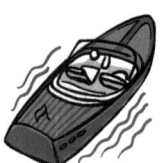

лодка

қаиқ

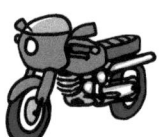

мотоцикл

мотосикл

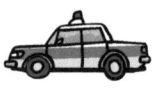

полицейский автомобиль

мошини полис

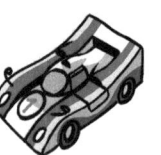

гоночный автомобиль

мошини тезрави пойгаи

арендованный автомобиль

кироияи мошинҳо

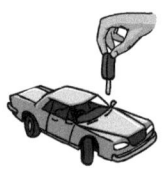

совместное пользование
автомобилями

ҳамроҳ истифодабарии
мошин

буксировочный
автомобиль
эвакуатор

мусоровоз

павтовчамъкунӣ

двигатель

муҳаррик

топливо

сӯзишворӣ

заправка

нуқтаи фурӯши сӯзишворӣ

дорожный знак

аломати роҳ

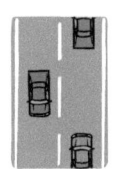

движение

ҳаракат

пробка

бандшавии ҳаракати роҳ

автостоянка

ҷои исти мошинҳо

вокзал

истгоҳи роҳи оҳан

рельсы

роҳи оҳан

поезд

қатора

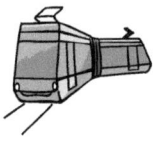

трамвай

тамвай

вагон

вагон

вертолёт

чархбол

аэропорт

фурудгоҳ

вышка

манора

пассажир

мусофир

контейнер

контейнер

коробка

қутии картонӣ

тележка

ароба

корзина

сабад

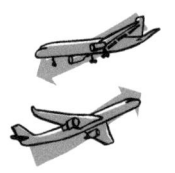

взлетать / приземляться

гирифтан / замин

город

шаҳр

деревня

деҳа

центр города

маркази шаҳр

дом

хона

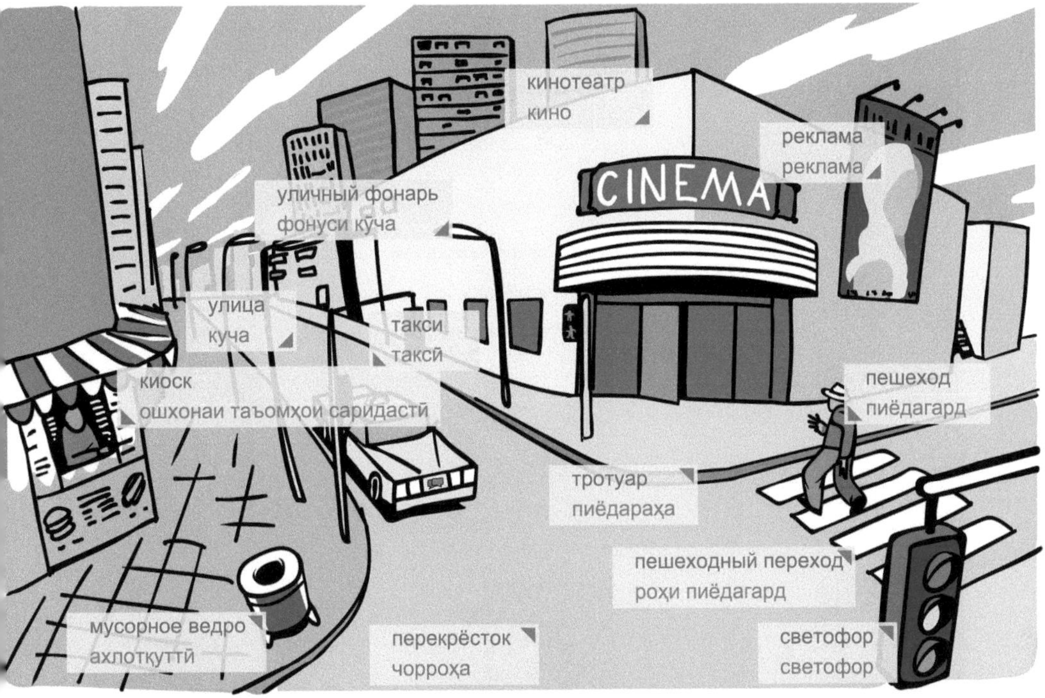

кинотеатр
кино

реклама
реклама

уличный фонарь
фонуси кӯча

улица
кӯча

такси
таксӣ

киоск
ошхонаи таъомҳои саридастӣ

пешеход
пиёдагард

тротуар
пиёдараҳа

пешеходный переход
роҳи пиёдагард

мусорное ведро
ахлотқуттӣ

перекрёсток
чорроҳа

светофор
светофор

хижина
кулба

квартира
ҳамвор

вокзал
истгоҳи роҳи оҳан

ратуша
бинои маъмурияти шаҳр

музей
осорхона

школа
мактаб

город - шаҳр

университет

донишгоҳ

банк

бонк

больница

бемористон

гостиница

меҳмонхона

аптека

доухона

офис

идора

книжный магазин

сехи китоб

магазин

сехи

цветочный магазин

мағозаи гулфурӯшӣ

супермаркет

супермаркет

рынок

бозор

универмаг

универмаг

торговец рыбой

мағозаи моҳифурӯшӣ

торговый центр

маркази савдо

порт

бандар

парк

парк

скамейка

бонк

мост

пул

лестница

зинапоя

метро

метро

тоннель

нақби

автобусная остановка

истгоҳи автобус

бар

бар

ресторан

тарабхона

почтовый ящик

қуттии почта

табличка с названием улицы

аломати номи кӯчаҳо

паркометр

ҳисобкунаки исти мошинҳо

зоопарк

боғи ҳайвонот

бассейн

ҳавзи шиноварӣ

мечеть

масҷид

ферма

ферма

загрязнение окружающей
среды

ифлоскунй

кладбище

қабристон

церковь

калисо

детская площадка

майдончаи бозӣ

храм

маъбад

ландшафт
ландшафт

лист
барг

дорожный указатель
аломати роҳнамо

дорога
роҳ

луг
алафзор

камень
санг

дерево
дарахт

путешественник
сайёҳ

река
дарё

трава
алаф

цветок
гул

долина

водӣ

гора

кӯҳ

озеро

кул

лес

беша

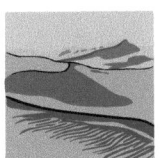

пустыня

биёбон

вулкан

вулкан

замок

қалъа

радуга

рангинкамон

гриб

занбӯруғ

пальма

дарати нахл

комар

хомӯшак

муха

паридан

муравей

мурча

пчела

занбур

паук

тортанак

ландшафт - ландшафт

жук

гамбӯсак

лягушка

қурбоққа

белка

санҷоб

еж

хорпушт

заяц

харгӯш

сова

бум

птица

парранда

лебедь

мурғи қу

кабан

хуки ваҳшй

олень

оху

лось

гавазн

плотина

сарбанд

ветряной генератор

турбина шамол

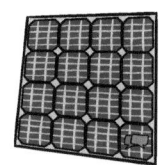

солнечная батарея

панел офтобй

климат

иқлим

ресторан

тарабхона

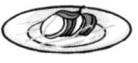

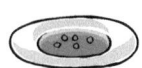

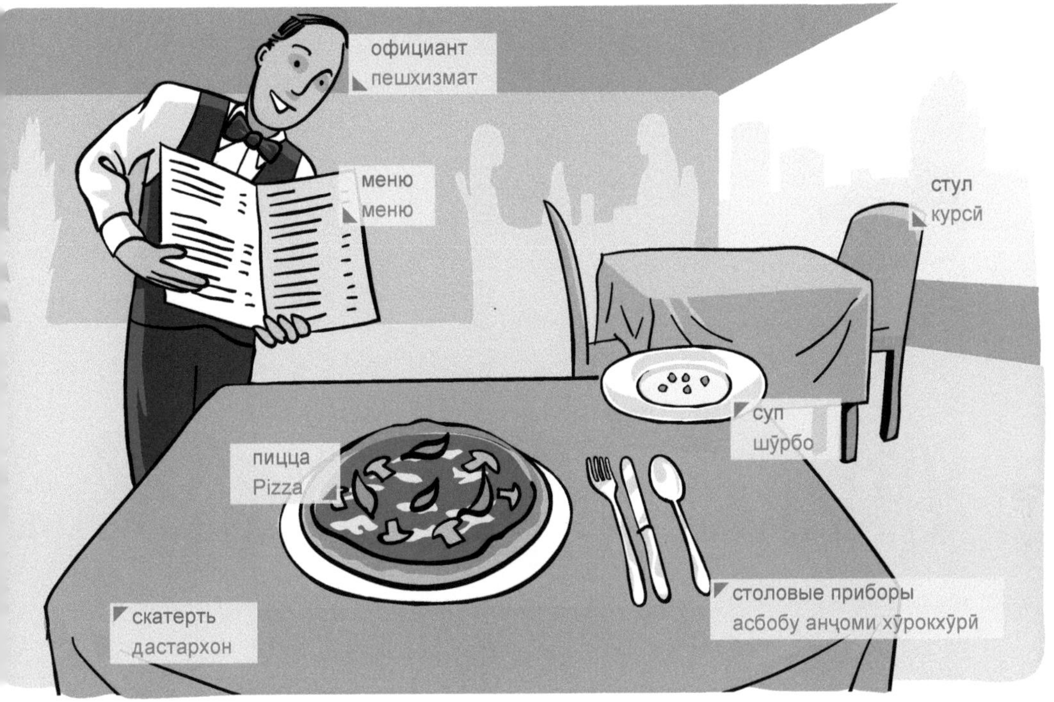

официант
пешхизмат
меню
меню
стул
курсӣ
суп
шӯрбо
пицца
Pizza
столовые приборы
асбобу анҷоми хӯрокхӯрӣ
скатерть
дастархон

закуска

стартер/корандоз

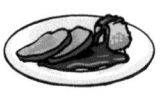

главное блюдо

хӯроки асосӣ

десерт

десерт

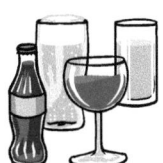

напитки

нӯшокиҳои

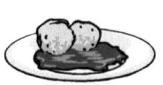

еда

таъом

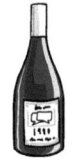

бутылка

шиша

фастфуд

Хӯроки Тез Таёр мешуда

уличная еда

хӯроки кӯчагӣ

чайник

чойник

сахарница

шакардон

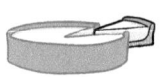

порция

қисм/порча

кофеварка

мошини espresso

детский стульчик

курсии кӯдакона

счет

ҳисоб

поднос

зарфмонак

нож

корд

вилка

чангол

ложка

қошуқ

чайная ложка

қошуқча

салфетка

сачоқи қоғазӣ

стакан

истакон

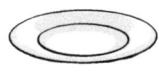

тарелка

табақча

суповая тарелка

косача

блюдце

тақсимча

соус

соус

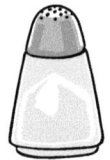

солонка

намакдон

мельница для перца

мурчдон

уксус

сирко

масло

равғани растанӣ

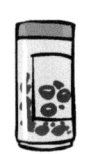

специи

приправа

кетчуп

кетчуп

горчица

хардал

майонез

майонез

супермаркет

супермаркет

специальное предложение
пешниҳоди махсус
FOR
покупатель
мизоҷ
молочные продукты
шир
фрукты
мева
тележка для покупок
аробача

BUTCHERS

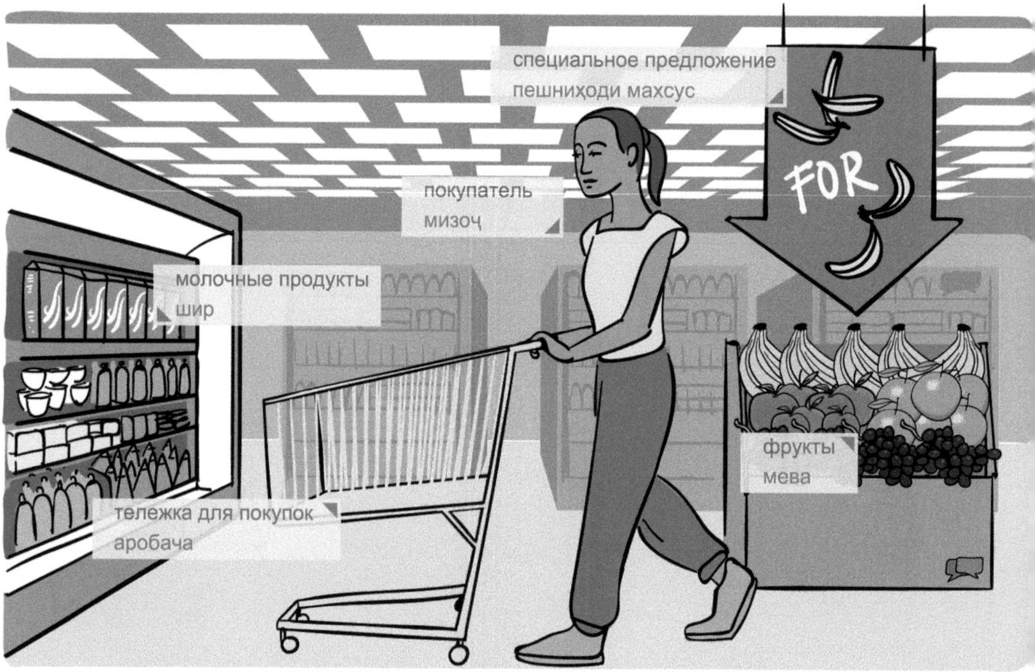

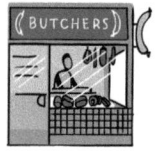

мясной магазин

дукони гӯштфурӯшӣ

BAKERY

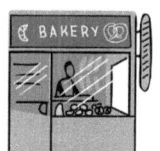

пекарня

дукони нонфурӯшӣ

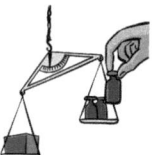

взвешивать

баркашидан

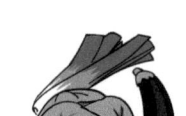

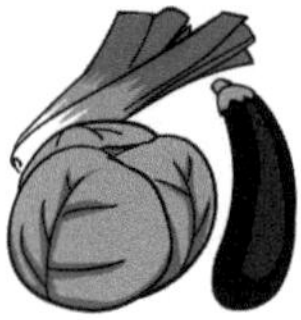

овощи

сабзавот

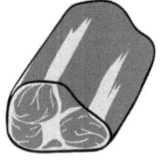

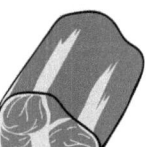

мясо

гӯшт

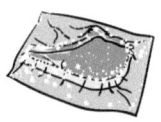

быстрозамороженные продукты

хӯроки яхбаста

нарезка

тилимҳои борик буридаи гушт

консервы

озуқаворӣ консервонидашуда

стиральный порошок

хокаи либосшӯй

сладости

ширинӣ

предмет домашнего обихода

асбоби рӯзгор

моющее средство

воситаҳои тозакунанда

продавщица

фурӯшанда

касса

касса

кассир

кассир

список покупок

рӯихати харидкунӣ

время работы

соат ифтитоҳи

бумажник

ҳамён

кредитная карточка

корти кредитӣ

сумка

ҷуздо

полиэтиленовый пакет

пакет

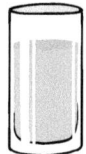

вода

об

сок

шарбат

молоко

шир

кока-кола

кола

вино

шароб

пиво

оби ҷав

алкоголь

машрубот

какао

какао

чай

чой

кофе

қаҳва

эспрессо

эспрессо

капучино

каппучино

банан

банан

яблоко

себ

апельсин

норанчй

арбуз

харбуза

лимон

лимӯ

морковь

сабзӣ

чеснок

сир

бамбук

бамбук

лук

пиёз

гриб

занбӯруғ

орехи

чормағз

лапша

угро

спагетти

спагеттӣ

рис

биринҷ

салат

салат

картофель фри

картошкаи қоқак

жареный картофель

картошкабирён

пицца

Pizza

гамбургер

гамбургер

сэндвич

бутербурод

шницель

шнитсел

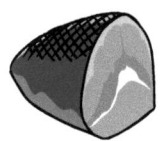

ветчина

гӯшти намакардаи хук

салями

ҳасиби салямӣ

колбаса

ҳасиб

курица

мурғ

жаркое

кабоб

рыба

моҳӣ

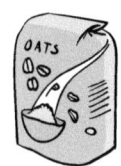

овсяные хлопья

ярмаи чав

мюсли

омехтаи ғалладонагӣ

кукурузные хлопья

ярмаи ҷуворимакка

мука

орд

круассан

кулчақанд

булочка

кулчақанд

хлеб

нон

тост

як порча нони бирён

печенье

кулчачаҳои қандин

масло

маска

творог

творог

пирог

пирог

яйцо

тухм

яичница

тухм бирён

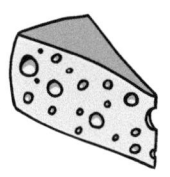

сыр

панир

мороженое

яхмос

сахар

шакар

мёд

асал

мармелад

мураббо

крем с нугой

хамираи ҳалво

карри

Curry

ферма

ферма

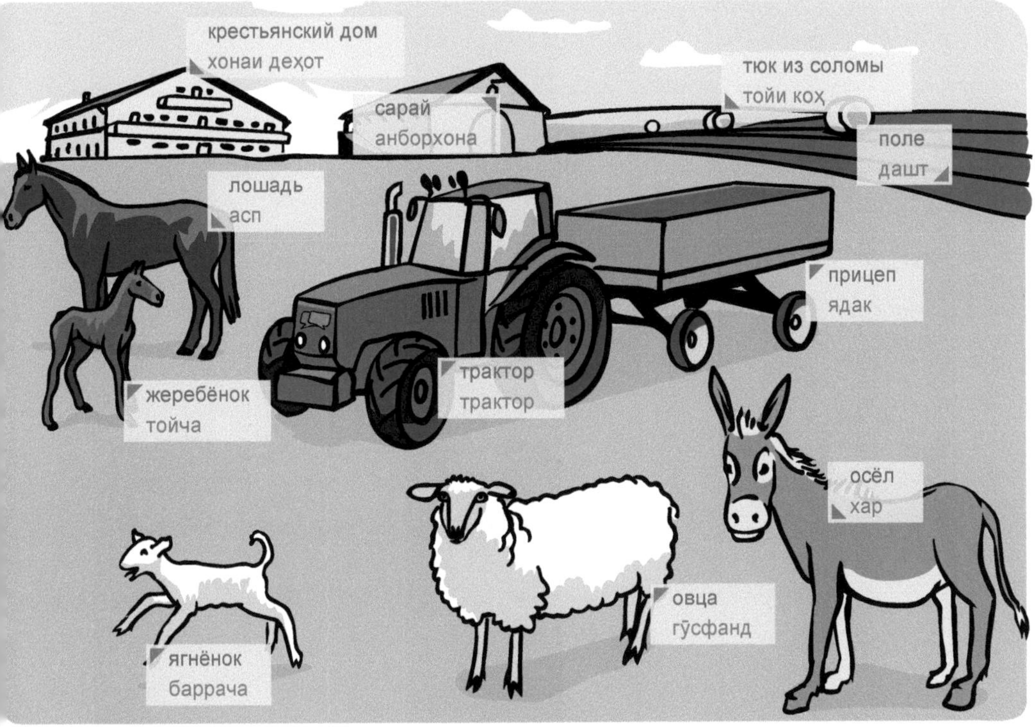

крестьянский дом
хонаи деҳот
тюк из соломы
тойи коҳ
сарай
анборхона
поле
дашт
лошадь
асп
прицеп
ядак
трактор
трактор
жеребёнок
тойча
осёл
хар
овца
гӯсфанд
ягнёнок
баррача

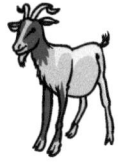

коза

буз

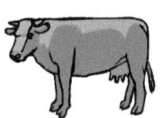

корова

гов

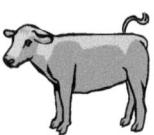

телёнок

гӯсола

свинья

хук

поросёнок

хукча

бык

buққа

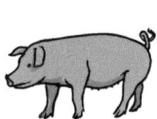

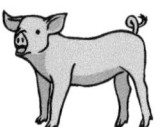

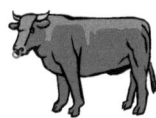

гусь

қоз

утка

мурғобй

цыплёнок

чӯча

курица

мурғ

петух

хурӯс

крыса

каламуш

кошка

гурба

мышь

муш

вол

барзагов

собака

саг

конура

хоначаи саг

садовый шланг

рӯдаи резинй

лейка

камобй метавонад

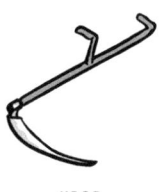

коса

дос

плуг

сипори шудгоркунии замин

серп

доси

мотыга

каланд

навозные вилы

панчшоха

топор

табар

тачка

ароба

корыто

охур

бидон для молока

зарфи ширгирй

мешок

халта

забор

девор

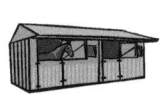

хлев

мӯътадил

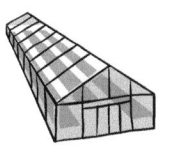

теплица

гармхона

почва

хок

посев

тухмй

удобрение

нуриҳо

комбайн

комбайни ғаллағундорй

собирать урожай

хосил

урожай

хосил

ямс

yams

пшеница

гандум

соя

лубиж

картофель

картошка

кукуруза

ҷуворӣ

рапс

донаи маъсар

фруктовое дерево

дарахти мева

маниок

manioc

злаки

ғалладона

дом
хона

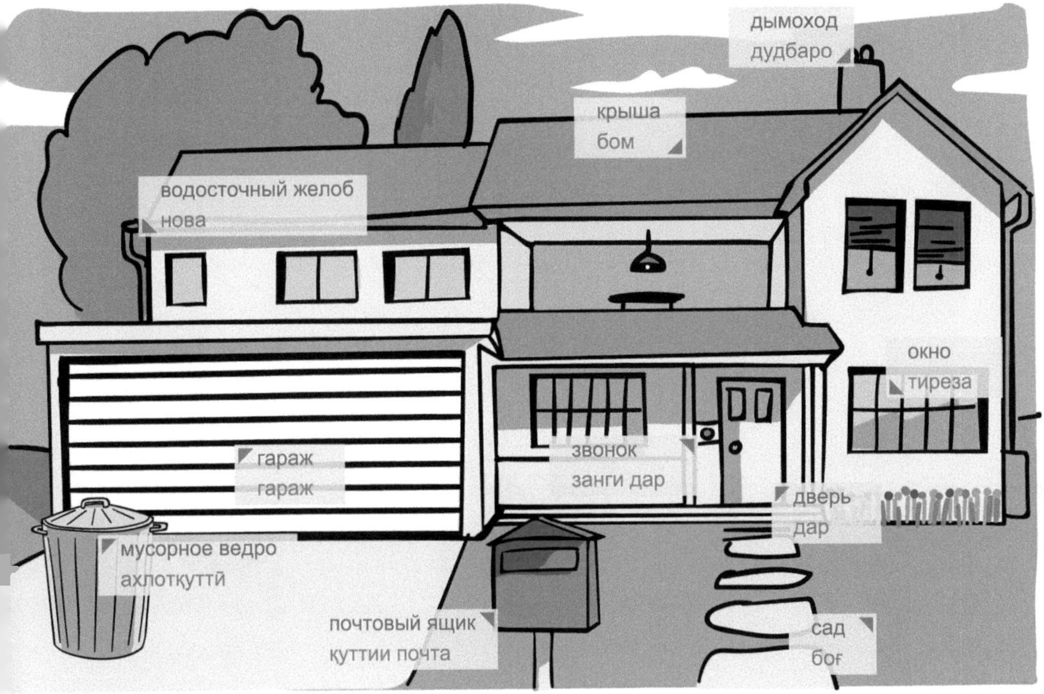

дымоход
дудбаро
крыша
бом
водосточный желоб
нова
окно
тиреза
гараж
гараж
звонок
занги дар
дверь
дар
мусорное ведро
ахлотқуттӣ
почтовый ящик
қуттии почта
сад
боғ

гостиная
мехмонхона

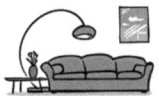

ванная комната
ҳамом

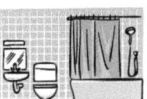

кухня
ошхона

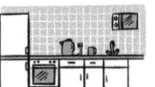

спальня
хонаи хоб

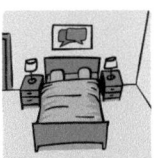

детская комната
ҳуҷраи кӯдакона

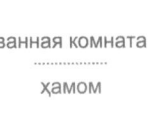

столовая
ошхона

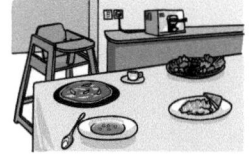

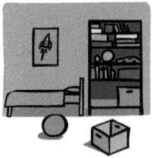

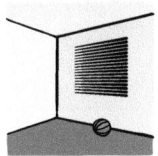

пол

ошёна

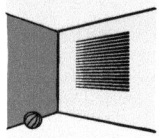

стена

девор

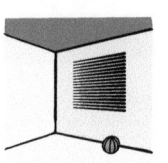

потолок

шифт

подвал

тагзаминй

сауна

сауна

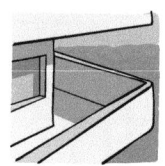

балкон

балкон

терраса

суфача

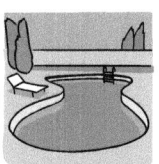

бассейн

ҳавз

газонокосилка

мошини алафдарав

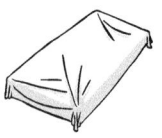

пододеяльник

варақ

покрывало

кампал

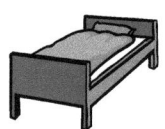

кровать

кат

метла

ҷорӯб

ведро

сатил

выключатель

калид

гостиная

мехмонхона

обои
зардеворӣ
рисунок
расм
лампа
лампа
полка
рафи китобмонӣ
шкаф
ҷевони зарфҳо
телевизор
телевизор
камин
оташдон
цветок
гул
подушка
болишт
диван
диван
ваза
гулдон
пульт дистанционного управления
пулт

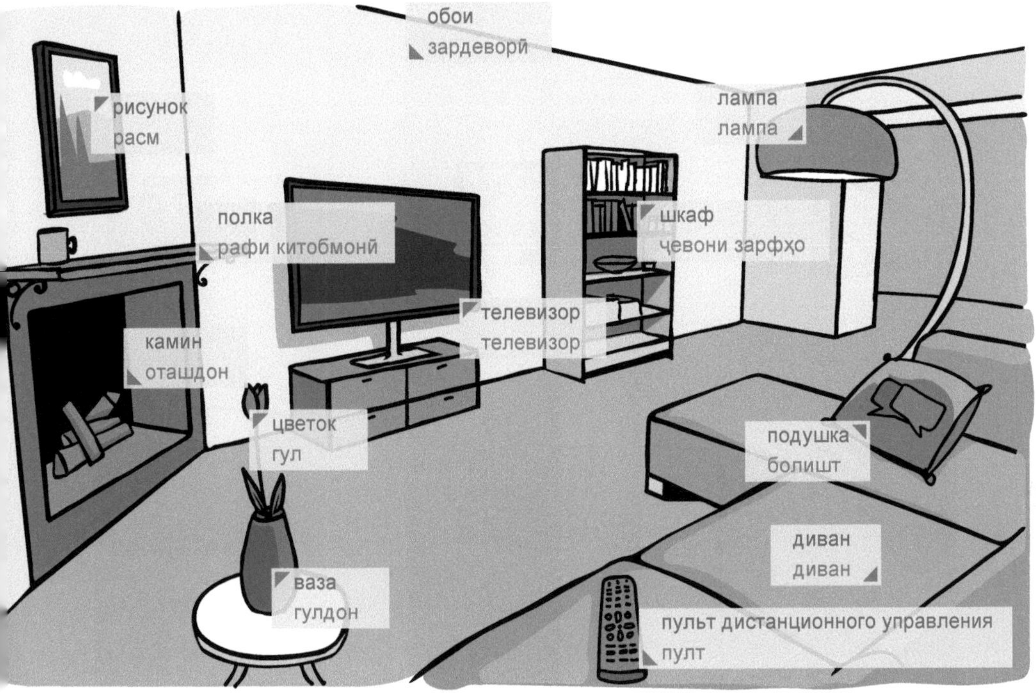

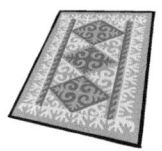

ковёр

қолин

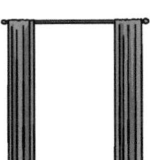

штора

парда

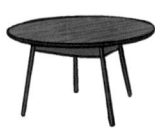

стол

мизи

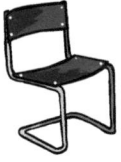

стул

курсӣ

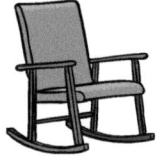

кресло-качалка

rocking кафедраи

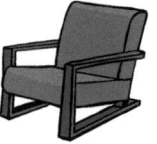

кресло

курсӣ

книга
....
китоб

покрывало
....
курпа

украшение
....
ороиш

дрова
....
ҳезум

фильм
....
филм

стереосистема
....
дастгоҳи hi-fi

ключ
....
калид

газета
....
рӯзнома

картина
....
расм

плакат
....
эълон

радио
....
радио

блокнот
....
китобчаи қайдҳо

пылесос
....
чангкашак

кактус
....
кактус

свеча
....
шам

кухня
ошхона

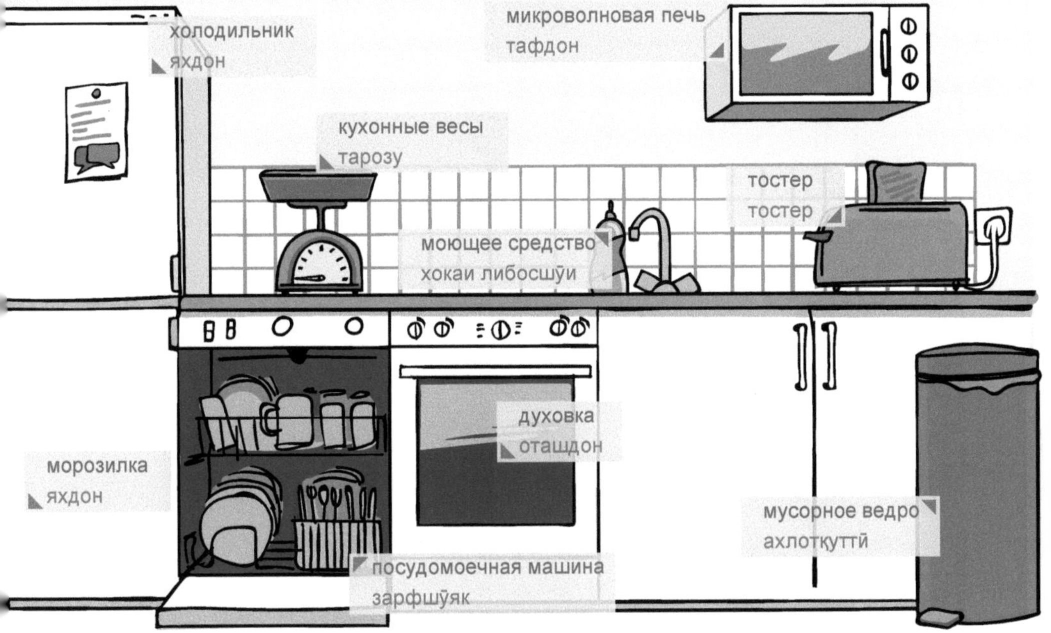
холодильник
яхдон
микроволновая печь
тафдон
кухонные весы
тарозу
тостер
тостер
моющее средство
хокаи либосшӯӣ
духовка
оташдон
морозилка
яхдон
мусорное ведро
ахлотқуттӣ
посудомоечная машина
зарфшӯяк

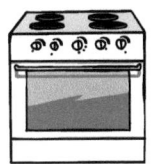

плита

плита

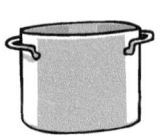

кастрюля

тубак

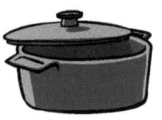

чугунный котелок

дег

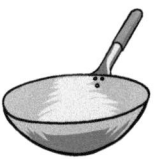

вок / кадай

дег / кадй

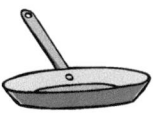

сковорода

тоба

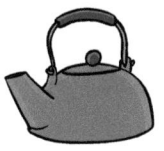

чайник

чойник

пароварка
......
steamer

противень
......
лист

посуда
......
зарф

кружка
......
кружка

миска
......
коса

палочки для еды
......
чубаки хурокхӯрӣ

половник
......
кафлези

лопатка
......
кафлези ҳамвор

сбивалка
......
whisk

сито
......
strainer

сито
......
элак

тёрка
......
турбтарошак

ступка
......
миномет

гриль
......
Кабоб Кардан

костёр
......
оташ кушод

доска

тахтаи резакунӣ

скалка

чӯба

штопор

пӯккашак

жестяная банка

банка

консервный нож

консервокушояк

прихватка

дастак

раковина

дастшӯяк

щетка

чӯтка

губка

исфанҷ

миксер

блендер

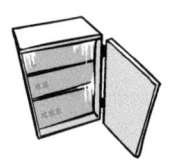

морозильная камера

сармодон

бутылочка для кормления

шишача

кран

ҷумак

ванная комната

ҳамом

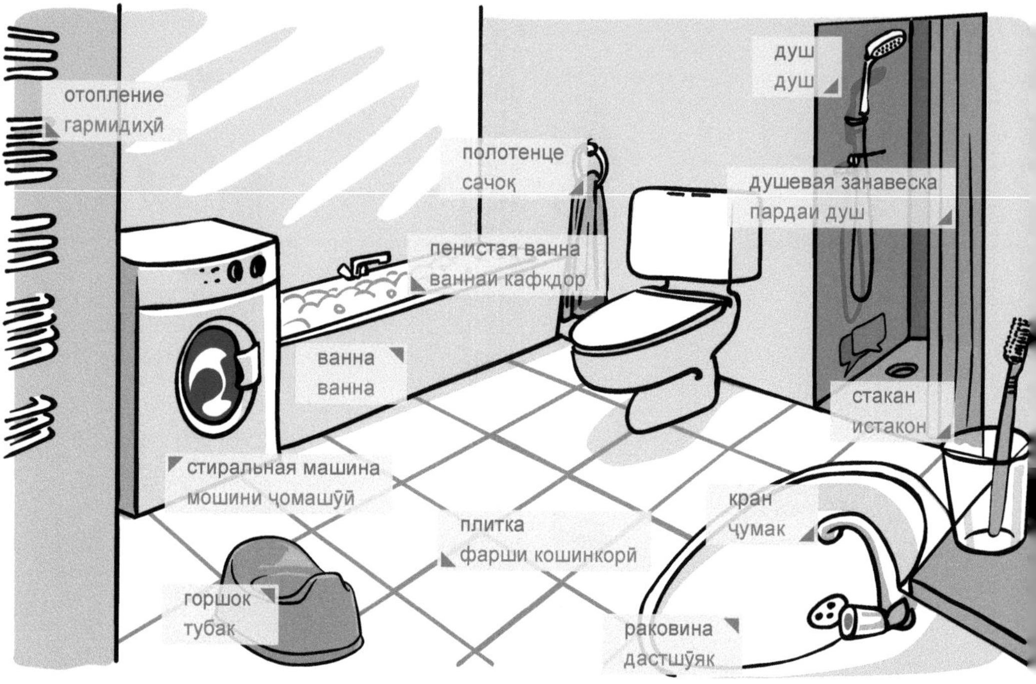

душ
душ
отопление
гармидиҳӣ
полотенце
сачоқ
душевая занавеска
пардаи душ
пенистая ванна
ваннаи кафкдор
ванна
ванна
стакан
истакон
стиральная машина
мошини ҷомашӯӣ
кран
ҷумак
плитка
фарши кошинкорӣ
горшок
тубак
раковина
дастшӯяк

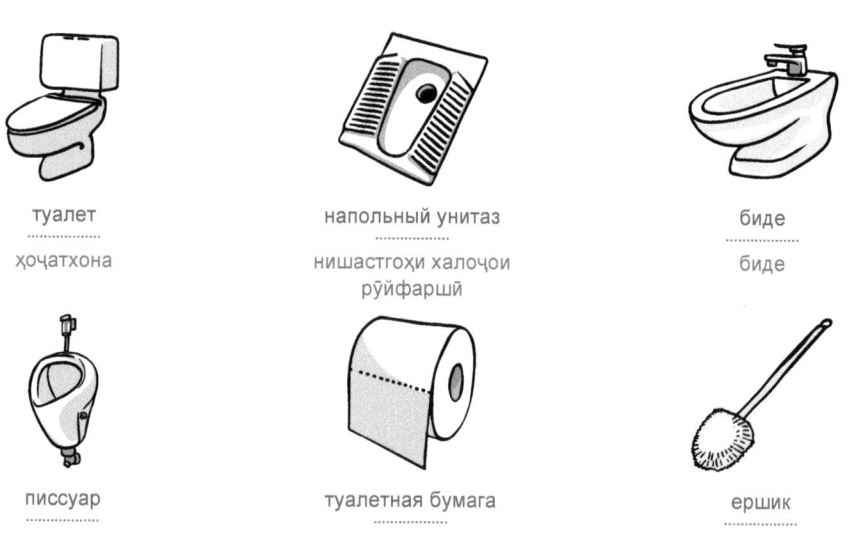

туалет

ҳоҷатхона

напольный унитаз

нишастгоҳи халоҷои рӯйфаршӣ

биде

биде

писсуар

ҳоҷатхонаи мардона

туалетная бумага

коғази ташноб

ершик

чӯткаи ҳоҷатхона

зубная щетка

дандоншӯяк

зубная паста

хамираи дандоншӯи

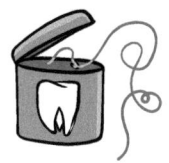

зубная нить

риштаи дандонтозакунӣ

мыть

шӯстан

ручной душ

души дастӣ

интимный душ

обшӯй

таз

ҳавза

щетка для спины

шона кардани мӯй

мыло

собун

гель для душа

гел барои душ

шампунь

шампун

мочалка

бумазӣ

сток

заҳкаш

крем

крем

дезодорант

дезодорант

зеркало

оина

ручное зеркало

оинаи дастӣ

бритва

риштарошаки барқи

пена для бритья

кафк барои риштарошӣ

лосьон после бритья

оби мушкини баъди риштарошӣ

расческа

шона

щетка

чӯтка

фен

мӯйхушкунак

лак для волос

лак барои мӯй

косметика

косметика

губная помада

лабсурхкунак

лак для ногтей

лок барои нохун

вата

пахта

маникюрные ножницы

қайчии нохунгирӣ

духи

атриёт

косметичка

ҷузвдони косметики

табуретка

қазои ҳоҷат

весы

тарозу

халат

хилъат

резиновые перчатки

дастпӯшак резина

тампон

тампон

гигиеническая прокладка

дастмоли санитарӣ

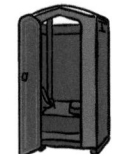

биотуалет

био-ҳоҷатхона

детская комната

ҳуҷраи кӯдакона

будильник
соати рӯимизии зангдор
мягкая игрушка
бозичаи мулоим
игрушечный автомобиль
мошини бозича
погремушка
тиқ-тиқ кардан
кукольный домик
хоначаи бозичагӣ
подарок
ҳузур

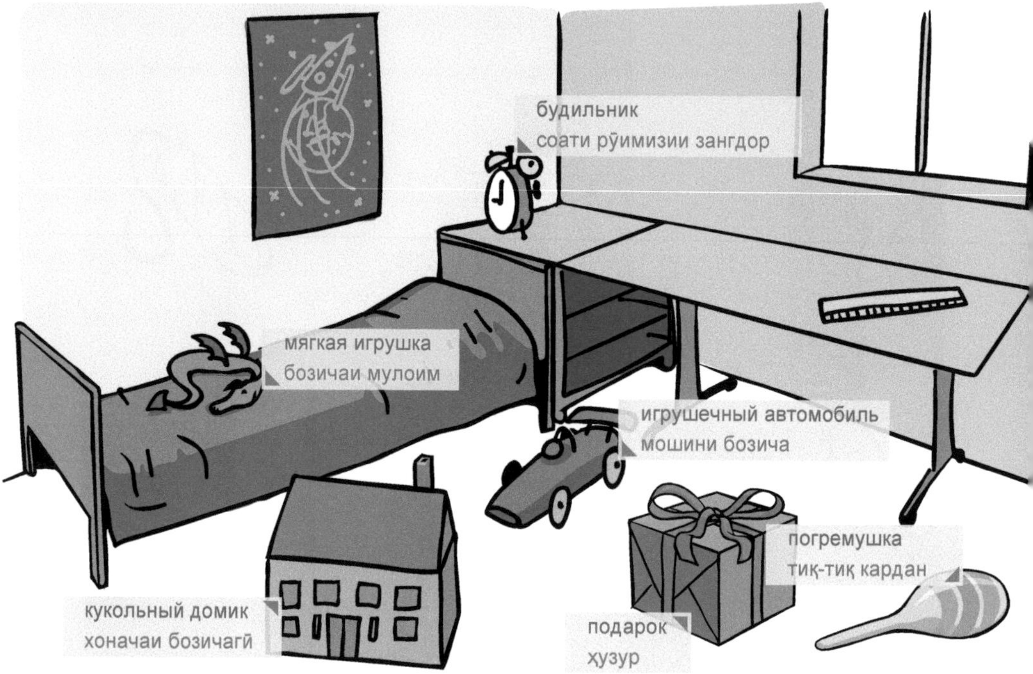

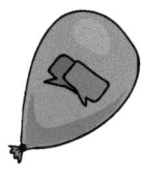

воздушный шар

пуфак

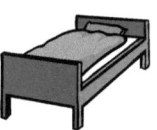

кровать

кат

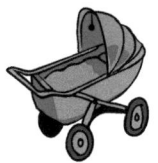

детская коляска

аробочаи кудакона

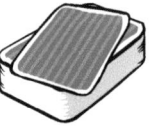

карточная игра

маҷмӯи кортҳо

пазл

бозии муамоёбӣ

SUPER
MEGA

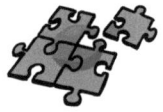

комикс

комикс

кирпичики Лего

хиштҳои лего

кубики

мағозаи бозичафурӯхтан

игрушечная фигурка

рақам амал

ползунки

либоси ғаваккашӣ

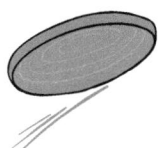

фрисби

фрисби

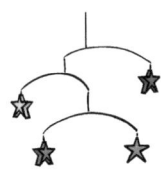

мобиле

мобилӣ

настольная игра

лавҳачаи бозӣ

кубик

кубик

модель железной дороги

маҷмӯи модели қатора

соска

пистонак

вечеринка

ҳизб

книга с картинками

китоби расм

мяч

тӯб

кукла

лӯхтак

играть

бози кардан

песочница

куттии рег

качели

арғунчак

игрушка

бозича

игровая приставка

консоли бозиҳои видеой

трёхколесный велосипед

велосипеди сечарха

плюшевый медвежонок

хирсаки бахмалии патдор

шкаф для одежды

чевон

одежда

либос

носки

ҷӯроб

чулки

ҷӯроби соқбаланд

колготки

колготки

шарф
гарданпеч

зонтик
чатр

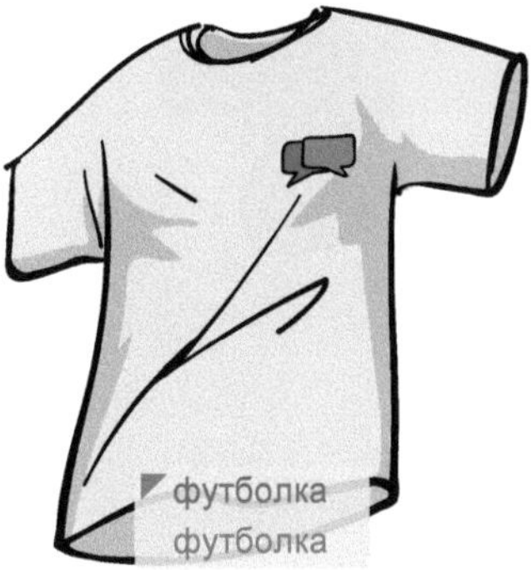

футболка
футболка

ремень
тасма

кроссовки
кроссовки

сапоги
пойафзол

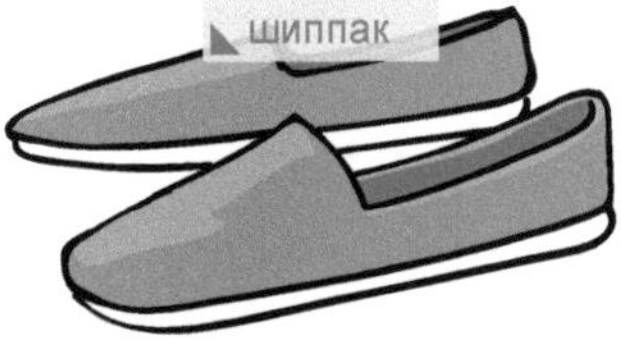

тапки
шиппак

сандалии
....
босоножкй

ботинки
....
пойафзол

резиновые сапоги
....
музаи резинй

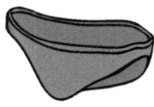

трусы
....
турсй

бюстгальтер
....
синабанд

майка
....
майка

боди

бадан

брюки

шим

джинсы

чинс

юбка

юбка

блузка

куртаи нимтаи занона

рубашка

курта

свитер

свитер

свитер

свитер

спортивная куртка

пичак

жакет

нимтана

пальто

палто

плащ

плаш

костюм

костюм

платье

куртаи занона

свадебное платье

либос тӯйи

мужской костюм

костюм

ночная сорочка

куртаи хоб

пижама

пижама

сари

Сари

платок

рӯймол

тюрбан

салла

паранджа

ниқобу

кафтан

кафтан

абайя

абая

купальник

либоси обозӣ

плавки

эзорчаи шиноварии мардона

шорты

шорти

спортивный костюм

либоси варзишӣ

фартук

пешбанд

перчатки

дастпӯшак

пуговица

тугма

очки

айнак

браслет

дастпона

цепочка

гарданбанд

кольцо

ангуштарин

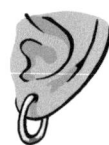

серьга

гӯшвора

шапка

кулоҳ

вешалка

либосовезак

шляпа

кулоҳ

галстук

галстук

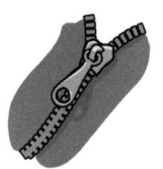

застежка молния

занҷирак

шлем

тоскулоҳ

подтяжки

шимбардор

школьная форма

либоси мактабӣ

форма

либоси

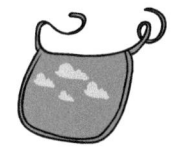

детский нагрудник

пешгир

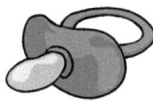

соска

пистонак

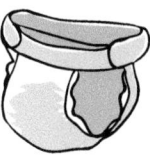

подгузник

подгузник

офис

идора

сервер
сервер
канцелярский шкаф
чевони ҳуҷҷатмонӣ
принтер
принтер
бумага
коғаз
монитор
монитор
мышь
мушак
письменный стол
мизи хатнависӣ
папка
ҷузъгир
клавиатура
клавиатура
корзина для бумаг
сабади партофҳои коғазӣ
компьютер
копютер
стул
курсӣ

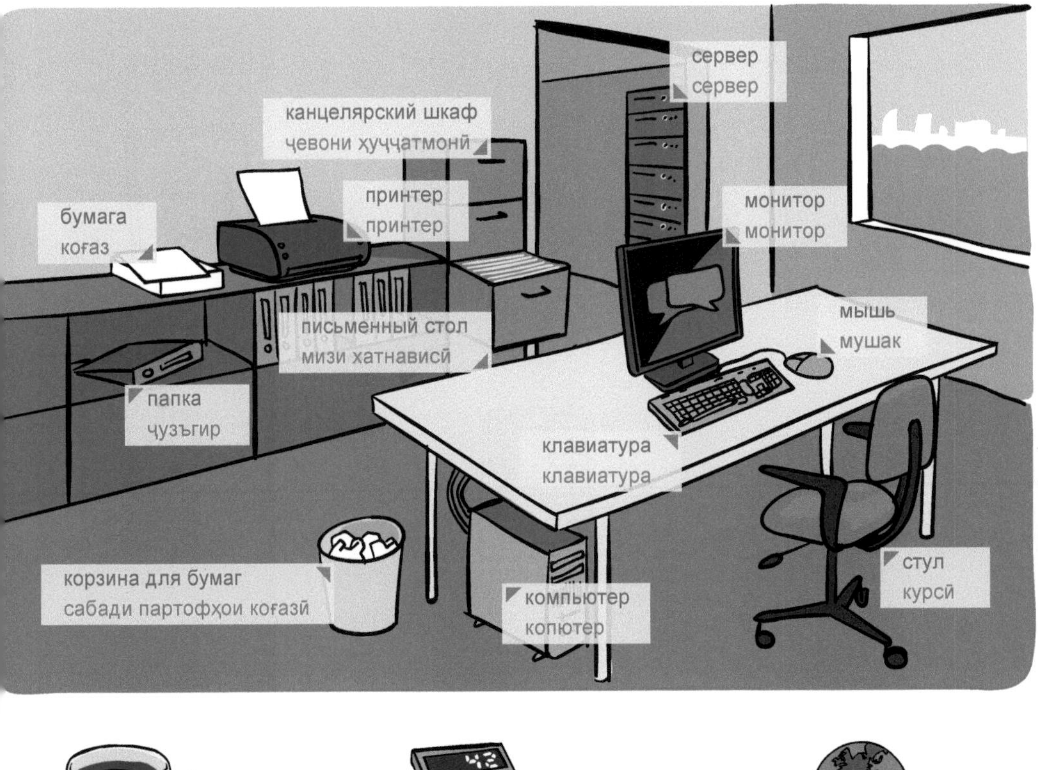

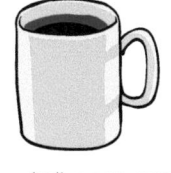

кофейная кружка

кружкаи қаҳванӯшӣ

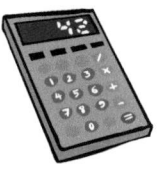

калькулятор

калкулятор

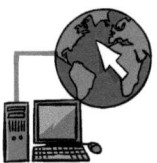

интернет

интернет

ноутбук

ноутбук

письмо

мактуб

сообщение

хабар

мобильный телефон

телефони мобилй

сеть

шабака

ксерокс

нусхабардор

программа

нармафзор

телефон

телефон

розетка

розетка

факс

факс

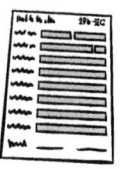

формуляр

шакл

документ

ҳуҷҷат

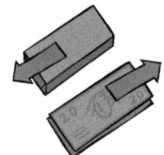

покупать

харидан

платить

пардохт

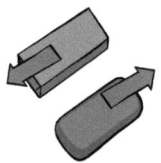

торговать

савдо

деньги

пул

доллар

доллар

евро

евро

иена

йен

рубль

рубл

франк

франки швейцариягӣ

жэньминьби юань

юан

рупия

рупӣ

банкомат

нуқтаи нақд

пункт обмена валюты

нуқтаи мубодилаи асъор

золото

тилло

серебро

нуқра

нефть

равғани растанй

энергия

энерги

цена

нарх

договор

шартнома

налог

андоз

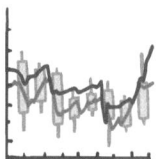

акция

саҳмия

работать

кор

служащий

хизматчй

работодатель

соҳибкор

фабрика

завод

магазин

сехи

профессии

касбҳо

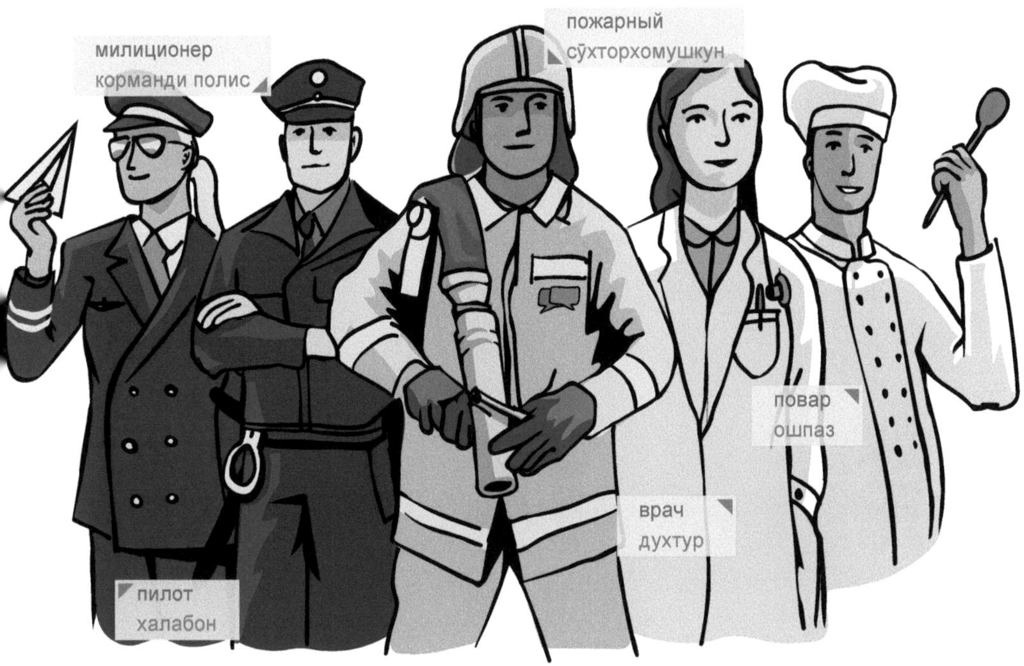
милиционер
корманди полис
пожарный
сӯхторхомушкун
повар
ошпаз
врач
духтур
пилот
халабон

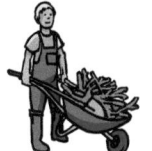

садовник

боғбон

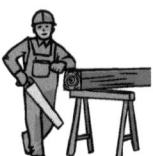

столяр

чӯбтарош

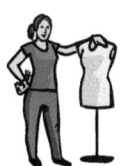

швея

дӯзанда

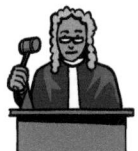

судья

судя

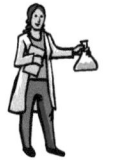

химик

кимиёшинос

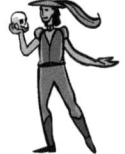

актёр

актер

водитель автобуса

ронандаи автобус

таксист

таксист

рыбак

моҳигир

уборщица

фаррошзан

кровельщик

устои бомпӯш

официант

пешхизмат

охотник

шикорчӣ

художник

расом

пекарь

нонвой

электрик

барқ

строитель

сохтмончӣ

инженер

инженер

мясник

қассоб

сантехник

устои шабакаи об

почтальон

хаткашон

солдат

сарбоз

архитектор

меъмор

кассир

кассир

флорист

гулфурӯш

парикмахер

сартарош

кондуктор

кондуктор

механик

механик

капитан

капатан

зубной врач

духтури дандон

ученый

олим

раввин

хохом

имам

имом

монах

шайх

священник

саркоҳин

инструменты

асбобҳо

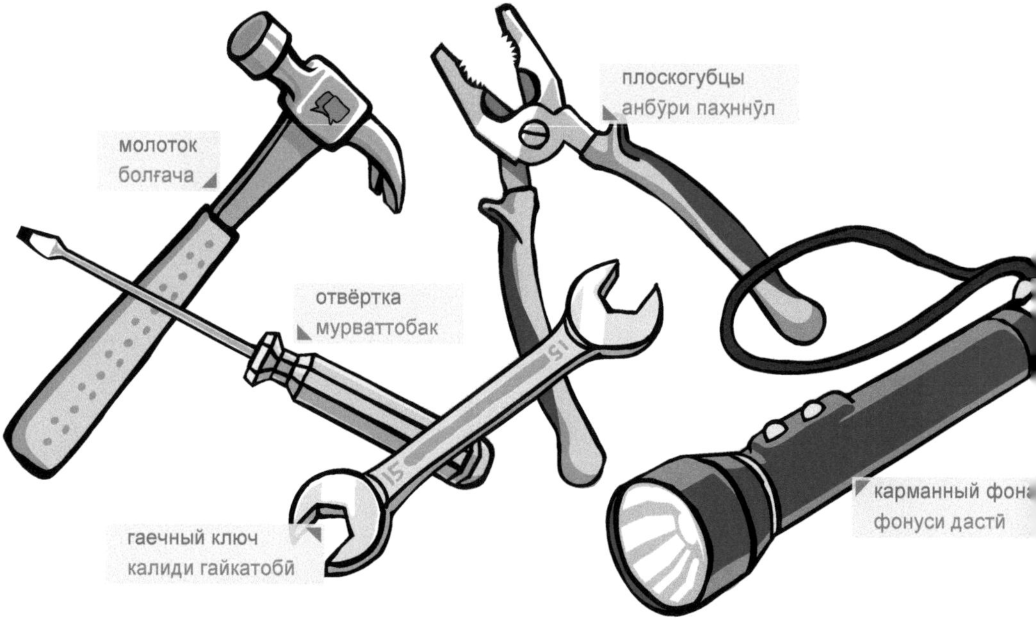

молоток
болғача
плоскогубцы
анбӯри паҳннӯл
отвёртка
мурваттобак
гаечный ключ
калиди гайкатобӣ
карманный фон
фонуси дастӣ

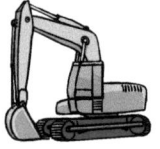

экскаватор

экскаватор

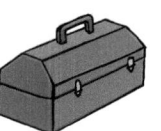

ящик для инструментов

қутии асбобҳо

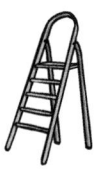

стремянка

зинапоя

пила

арра

гвозди

мехҳо

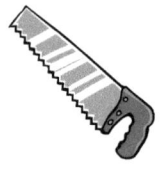

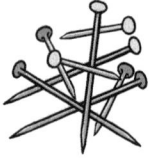

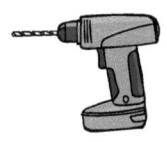

дрель

пармаи электрикӣ

ремонтировать

таъмир

лопата

бел

Блин!

Сабил монад!

совок

белчаи хокрӯбагирӣ

ведро с краской

сатили ранг

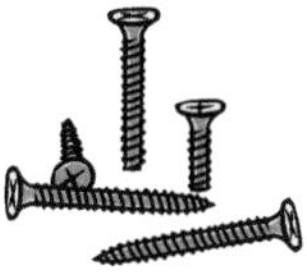

винты

мехи печдор

музыкальные инструменты
асбобҳои мусиқӣ

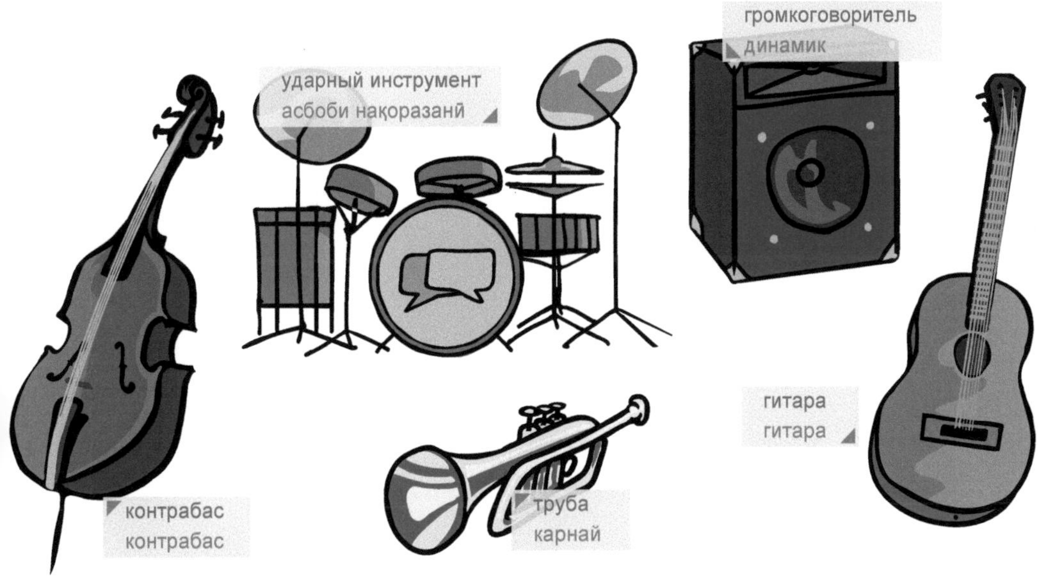

ударный инструмент
асбоби нақоразанӣ

громкоговоритель
динамик

гитара
гитара

контрабас
контрабас

труба
карнай

пианино

пианино

скрипка

ғиҷҷак

бас-гитара

бас-гитара

литавры

нақораи поядор

барабан

нақора

синтезатор

клавиатура

саксофон

саксофон

флейта

най

микрофон

баландгӯяд

зоопарк

боғи ҳайвонот

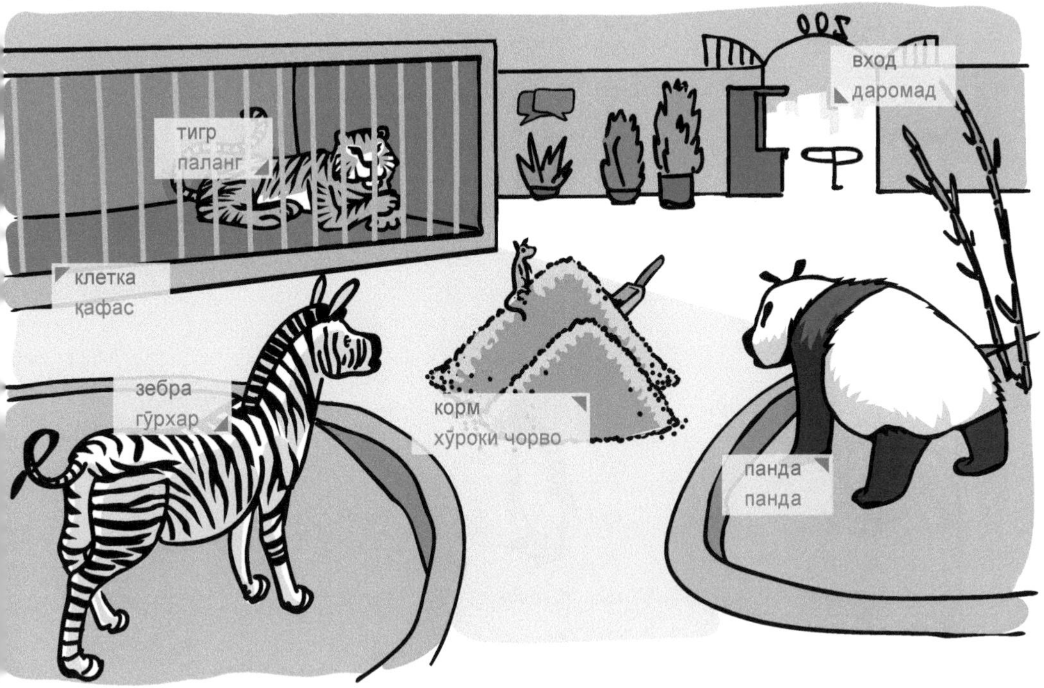
вход
даромад
тигр
паланг
клетка
қафас
зебра
гӯрхар
корм
хӯроки чорво
панда
панда

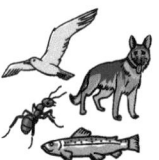

животные

ҳайвонот

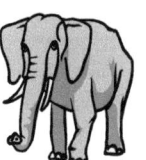

слон

фил

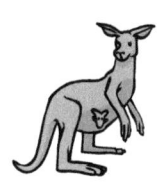

кенгуру

кенгуру

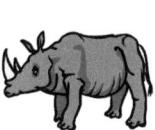

носорог

каркадан

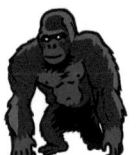

горилла

горилла

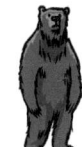

медведь

хирси бӯр

верблюд

шутур

страус

шутурмурғ

лев

шер

обезьяна

маймун

фламинго

бутимор

попугай

тӯти

белый медведь

хирси сафед

пингвин

пингвин

акула

наҳанг

павлин

товус

змея

мор

крокодил

тимсоҳ

служитель зоопарка

посбон

тюлень

сил

ягуар

ягуар

зоопарк - боғи ҳайвонот

пони

аспи кӯтоҳқад

леопард

леопард

бегемот

баҳмут

жираф

заррофа

орёл

уқоб

кабан

хуки ваҳшӣ

рыба

моҳӣ

черепаха

сангпушт

морж

морж

лиса

рӯбоҳ

газель

ғизол/оху

американский футбол
футболи амрикои

езда на велосипеде
велосипедронӣ

теннис
теннис

баскетбол
баскетбол

плавание
шиноварӣ

бокс
бокс

хоккей
хоккей

футбол
футбол

бадминтон
бадмингтон

лёгкая атлетика
атлетика

гандбол
гандбол

лыжный спорт
лижаронӣ

поло
тӯббозӣ бо асп

действия

фаъолият

смеяться
ханда
прыгать
паридан
обнимать
оғӯш гирифтан
идти
пиёда рафтан
петь
шеър хондан
мечтать
орзӯ кардан
молиться
ибодат кардан
целовать
бӯса кардан

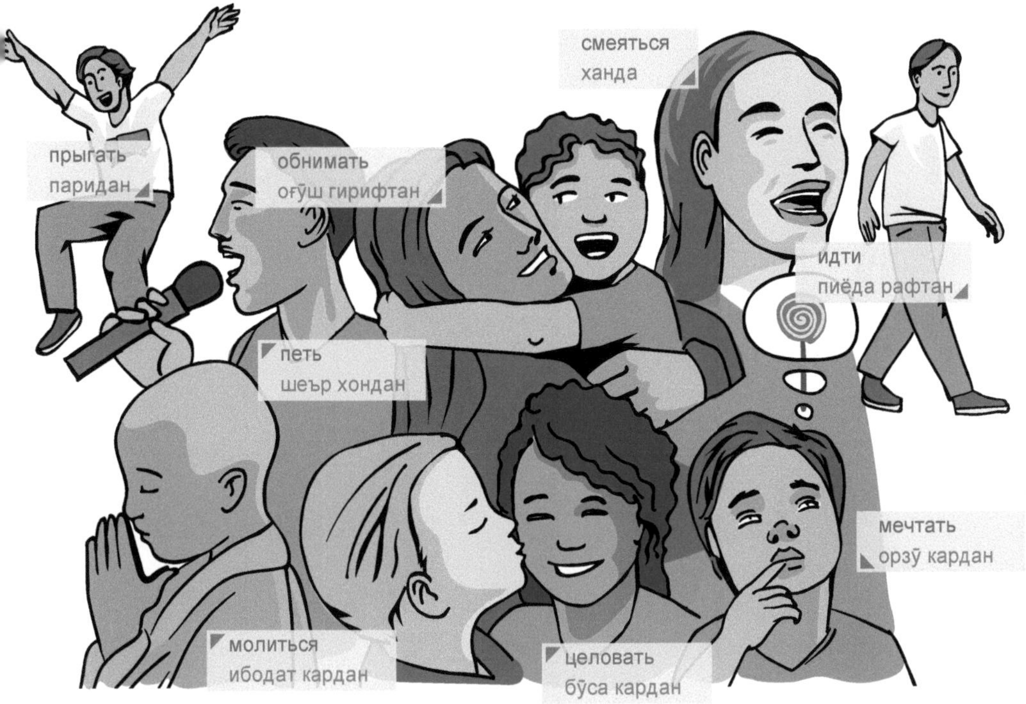

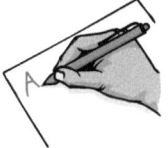

писать
навиштан

рисовать
кашидан

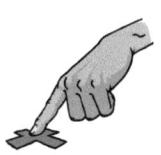

показывать
нишон додан

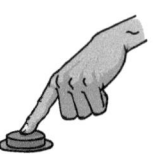

нажимать
тела додан

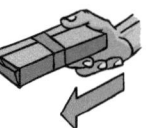

давать
додан

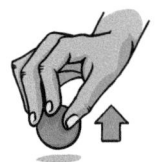

брать
гирифтан

иметь
дошанд

делать
кор

быть
бошад

стоять
истодан

бежать
давидан

тянуть
кашидан

бросать
партофтан

падать
афтидан

лежать
дароз кашидан

ждать
интизор шудан

носить
бардошта бурдан

сидеть
нишастан

надевать
либос пӯшидан

спать
хобин

просыпаться
бедор шудан

рассматривать

нигоҳ кардан

плакать

гиря кардан

гладить

сила кардан

причесывать

шона

говорить

гап задан

понимать

фаҳмидан

спрашивать

пурсидан

слушать

гӯш кардан

пить

нӯштдан

кушать

хӯрдан

наводить порядок

ғундоштан

любить

ишқ

готовить

ошпаз

ехать

рондан

летать

парвоз кардан

ходить под парусом

бо бодбон ҳаракат кардан

считать

ҳисоб кардан

читать

хондан

учиться

омӯхтан

работать

кор

вступать в брак

оиладор шудан

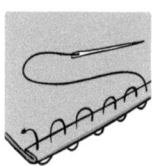

шить

дӯхтан

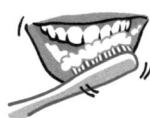

чистить зубы

дадон шӯстан

убивать

куштан

курить

дуд

отправлять

фиристодан

семья
оила

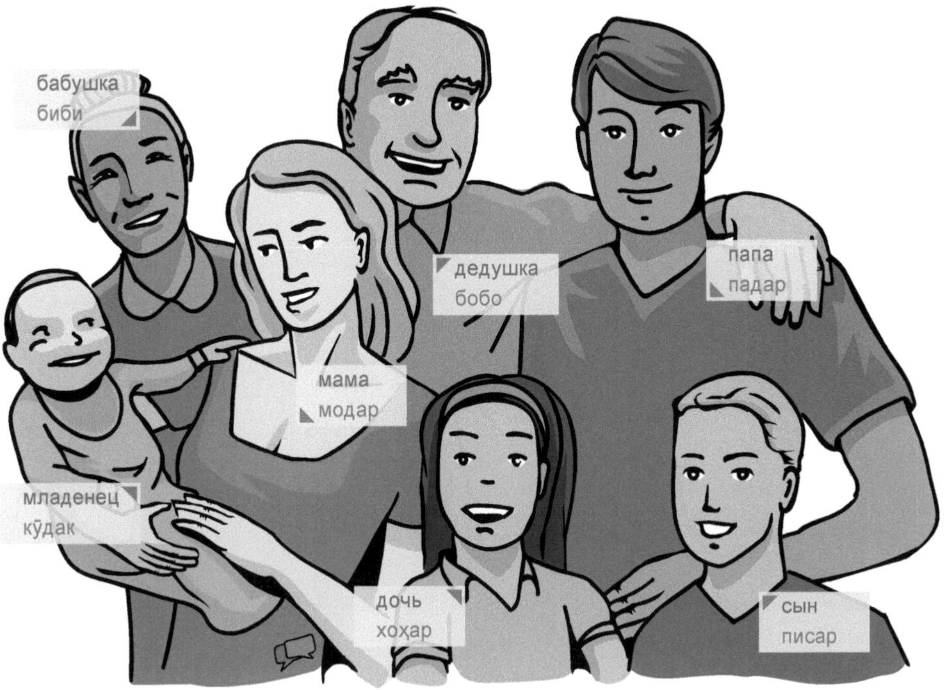
бабушка
биби
дедушка
бобо
папа
падар
мама
модар
младенец
кӯдак
дочь
хоҳар
сын
писар

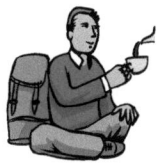

гость

мехмон

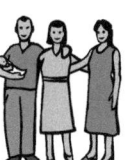

тетя

хола

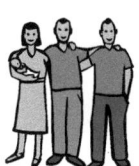

дядя

амак

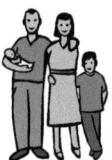

брат

бародар

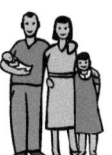

сестра

хоҳар

тело
бадан

лоб
пешонӣ
глаз
чашм
плечо
китф
палец
ангушт
лицо
рӯй
подбородок
манаҳ
кисть
панҷаи даст
грудь
қафаси сина
нога
пой
рука
даст

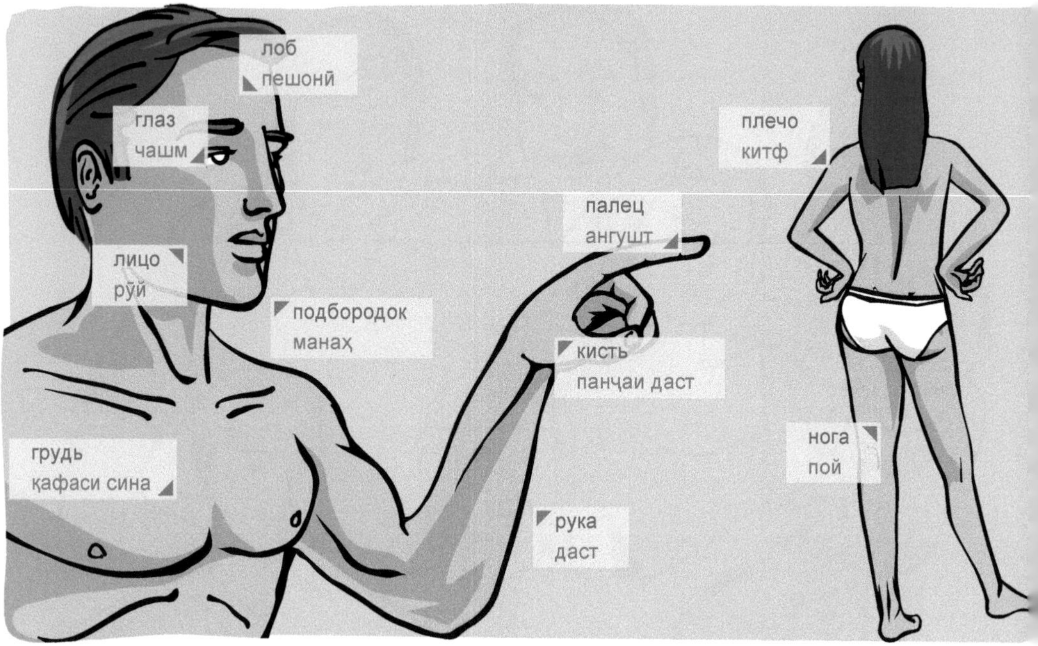

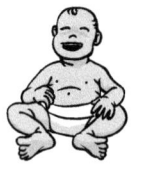

младенец
кӯдак

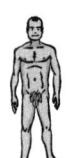

мужчина
мард

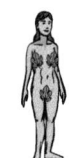

женщина
зан

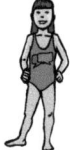

девочка
духтар

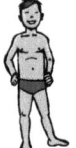

мальчик
писар

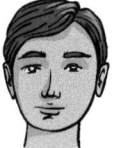

голова
сар

спина

пушт

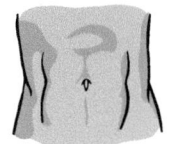

живот

шикам

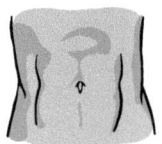

пупок

ноф

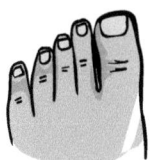

палец ноги

ангушти пой

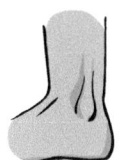

пятка

пошнаи пой

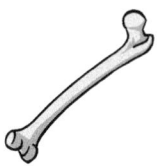

кость

устухон

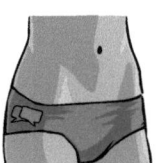

бедро

рон

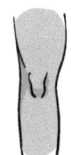

колено

зону

локоть

оринч

нос

бинй

ягодицы

таг

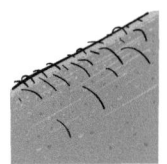

кожа

пӯст

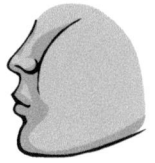

щека

рухсора

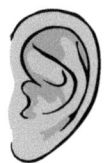

ухо

гӯш

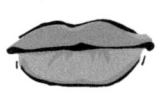

губа

лаб

рот

даҳон

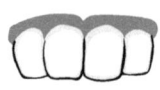

зуб

дадон

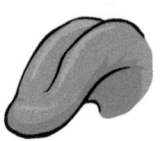

язык

забон

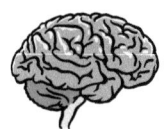

мозг

майнаи сар

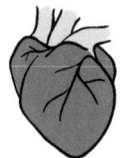

сердце

дил

мышца

мушак

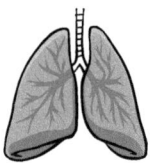

лёгкое

шуш

печень

ҷигар

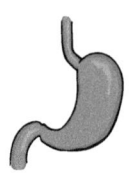

желудок

меъда

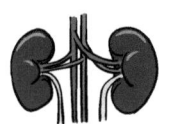

почки

гурдаҳо

половой акт

алоқаи ҷинсӣ

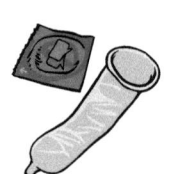

презерватив

рифола

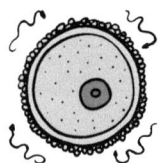

яйцеклетка

тухмҳуҷайра

сперма

нутфа

беременность

ҳомиладорӣ

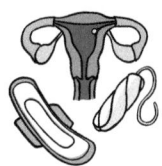

менструация
....
ҳайз

вагина
....
маҳбал

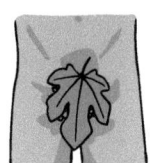

пенис
....
кер

бровь
....
абрӯ

волосы
....
мӯй

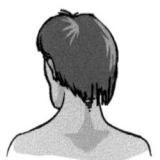

шея
....
гардан

больница
бемористон

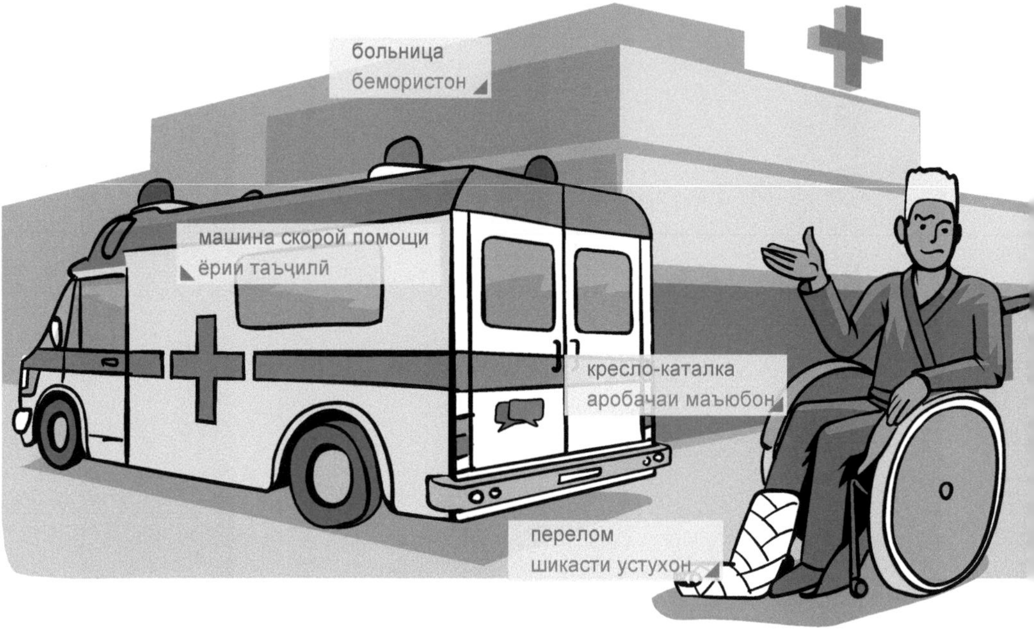

больница
бемористон
машина скорой помощи
ёрии таъҷилӣ
кресло-каталка
аробачаи маъюбон
перелом
шикасти устухон

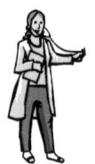

врач

духтур

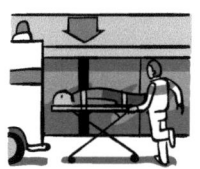

пункт первой помощи

ҳуҷраи ёрии фаврӣ

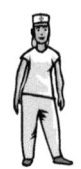

медсестра

ҳамшираи тиббӣ

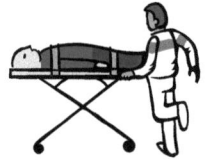

неотложный случай

ҳолати фавқулодда

без сознания

беҳуш

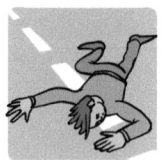

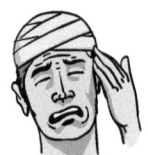

боль

дард

повреждение

ҷароҳат

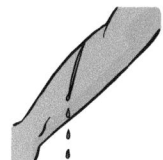

кровотечение

хунравӣ

инфаркт

дилзанак

инсульт

сактаи майна

аллергия

аллергия

кашель

сулфа

повышенная температура

табларза

грипп

грипп

понос

шикамравӣ

головная боль

сардард

рак

саратон

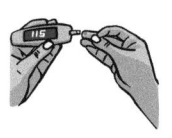

диабет

диабет

хирург

ҷарроҳ

скальпель

скалпел

операция

ҷарроҳӣ

КТ

Томографияи компютерӣ

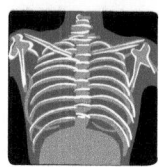

рентген

шӯъои ренгенӣ

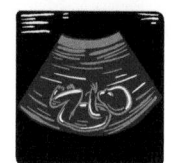

ультразвук

ултрасадо

маска

ниқоби рӯй

болезнь

беморӣ

приёмная

ҳуҷраи интизорӣ

костыль

асобағал

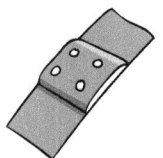

пластырь

марҳам

бинт

дока

укол

сӯзандору

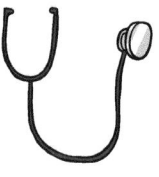

стетоскоп

стетоскоп

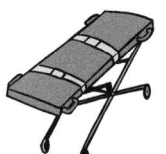

носилки

занбар

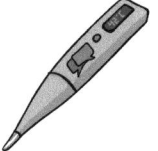

термометр

ҳароратсанҷ

рождение

таваллуд

избыточный вес

вазни зиёдатӣ

слуховой аппарат

тачҳизоти шунавой

дезинфекционное средство

моддаи безараргардонӣ

инфекция

инфексия

вирус

вирус

ВИЧ / СПИД

ВИЧ / СПИД

лекарство

дору

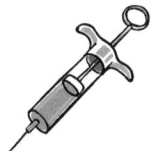

прививка

ваксинатсия

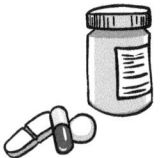

таблетки

ҳабҳо

противозачаточная таблетка

ҳаб

экстренный вызов

занги изтирорӣ

прибор для измерения кровяного давления

монитори фишори хун

больной / здоровый

бемор/солим

Помогите!

Кумак!

нападение

ҳучум

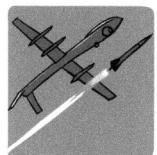

атака

ҳамла

опасность

хатар

запасной выход

баромадгоҳи таҳлиявӣ

Пожар!

Сӯхтор!

огнетушитель

оташнишон

несчастный случай

садама

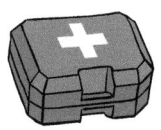

аптечка

дорукуттӣ

SOS

бонги хатар

милиция

полис

Европа

Аврупо

Северная Америка

Америкаи Шимолй

Южная Америка

Америкаи Ҷанубӣ

Африка

Африка

Азия

Осиё

Австралия

Австралия

Атлантический океан

Уқёнуси Атлантик

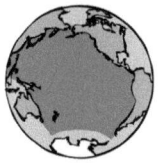

Тихий океан

Уқёнуси Ором

Индийский океан

Уқёнуси Ҳинд

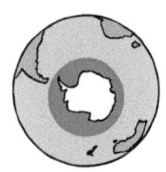

Антарктический океан

Уқёнуси Антарктика

Северный Ледовитый океан

Уқёнуси Арктика

Северный полюс

Қутби шимол

Южный полюс

Қутби ҷануб

Антарктика

Антарктика

земля

замин

суша

замин

море

баҳр

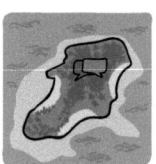

остров

ҷазира

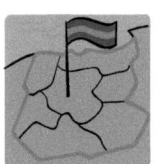

нация

миллат

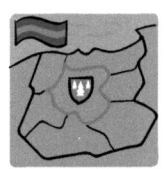

государство

давлат

циферблат

сиферблат

часовая стрелка

ақрабаки соат

минутная стрелка

ақрабаки дақиқашумор

секундная стрелка

ақрабаки сонияшумор

Который час?

Соат чанд?

день

рӯз

время

замон

сейчас

ҳозир

электронные часы

соати электронӣ

минута

лаҳза

час

соат

понедельник
душанбе

среда
чоршанбе

пятница
ҷумъа

MO

W

FR

TU

TH

SA

SO

вторник
сешанбе

суббота
шанбе

четверг
панҷшанбе

воскресенье
якшанбе

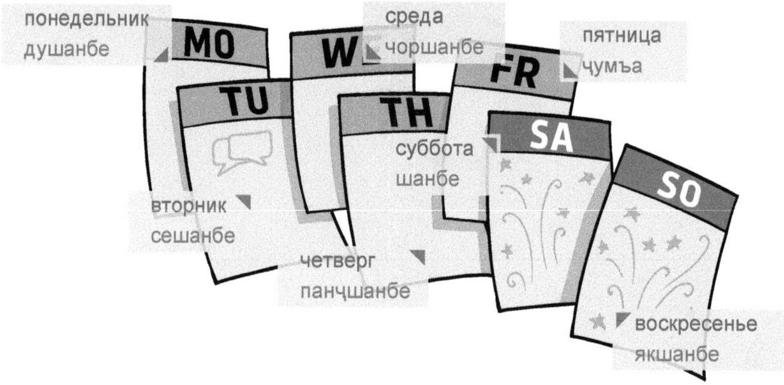

вчера
дирӯз

сегодня
имрӯз

завтра
фардо

утро
пагоҳирӯзӣ

полдень
нимрӯз

вечер
шом

MO	TU	WE	TH	FR	SA	SU
1	2	3	4	5	6	7
8	9	10	11	12	13	14
15	16	17	18	19	20	21
22	23	24	25	26	27	28
29	30	31	1	2	3	4

рабочие дни
рӯзҳои корӣ

MO	TU	WE	TH	FR	SA	SU
1	2	3	4	5	6	7
8	9	10	11	12	13	14
15	16	17	18	19	20	21
22	23	24	25	26	27	28
29	30	31	1	2	3	4

выходные
истироҳат

год

сол

дождь
борон
радуга
рангинкамон
снег
барф
ветер
шамол
весна
баҳор
осень
тирамоҳ
лето
тобистон
зима
зимистон

4.APRIL 11°
5.APRIL 4°
6.APRIL 13°
7.APRIL 8°
8.APRIL 10°

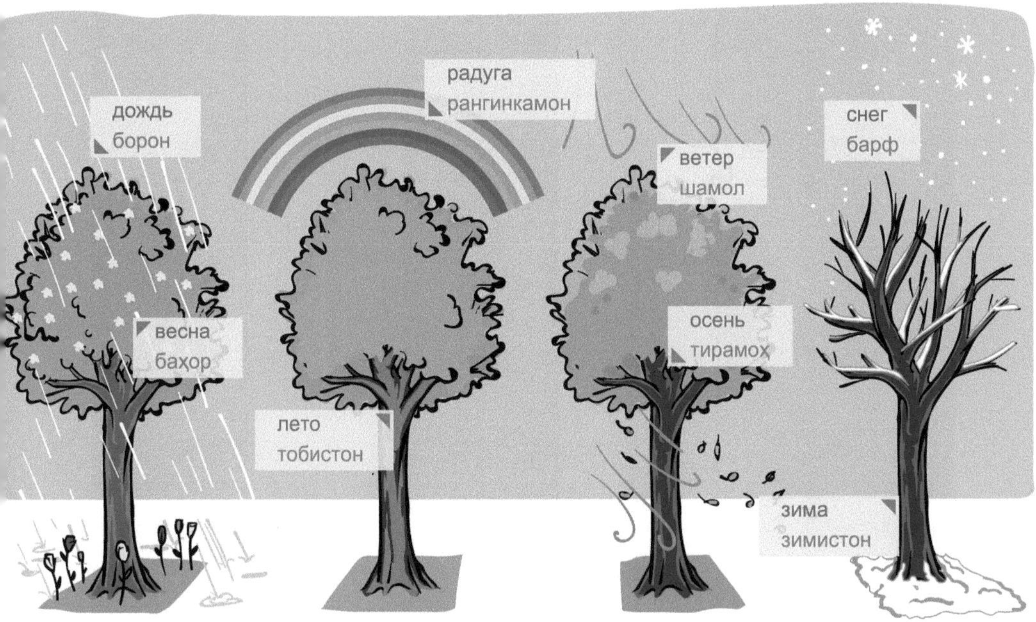

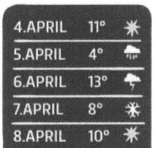

прогноз погоды

Обу ҳаво

F C
120 40
90 30
60 20
30 10
0 0
-30 -10
-20

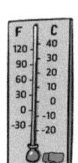

термометр

ҳароратсанҷ

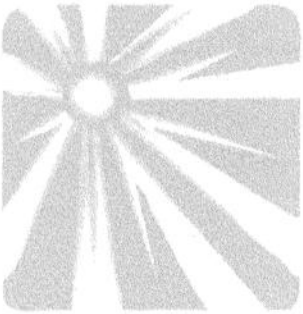

солнечный свет

равшании офтоб

туча

абр

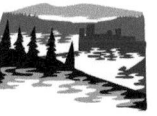

туман

туман

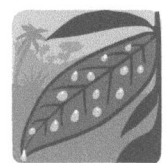

влажность воздуха

намнок

молния

барқ

гром

тундар

буря

тӯфон

град

жола

муссон

муссон

наводнение

обхезӣ

лёд

ях

январь

январ

февраль

феврал

март

март

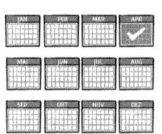

апрель

апрел

май

май

июнь

июн

июль

июл

август

август

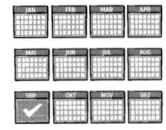

сентябрь

сентябр

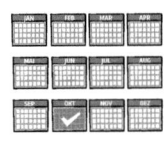

октябрь

октябр

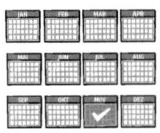

ноябрь

ноябр

декабрь

декабр

круг

давра

квадрат

мураббаъ

прямоугольник

росткуньа

треугольник

секуньа

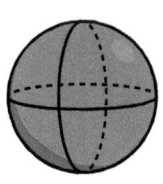

шар

соньаи

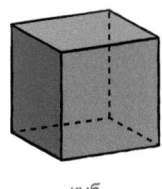

куб

мукааб

белый

гулобй

желтый

хокистаранг

оранжевый

зард

розовый

бунафшранг

красный

сурх

лиловый

қаҳваранг

синий

кабуд

зелёный

сиёҳ

коричневый

кабуд

серый

сафед

черный

сабз

много / мало

бисёр/кам

яростный / мирный

хашмгин / ором

красивый / уродливый

зебо/безеб

начало / конец

оғози / охири

большой / маленький

калон/хурд

светлый / темный

дурахшон / торик

брат / сестра

бародари / хоҳар

чистый / грязный

тоза/чиркин

полный / неполный

пурра / нопурра

день / ночь

рӯзи / шаб

мёртвый / живой

мурдагон / зинда

широкий / узкий

кушод/танг

съедобный / несъедобный

хӯрданӣ /
хӯрданашаванда

злой / дружелюбный

бад/нек

взволнованный /
скучающий
ба ҳаяҷон / дилгир

толстый / худой

ғавс/борик

сначала / в конце

якум/охирин

друг / враг

Дӯсти / душмани

полный / пустой

пур/холӣ

твёрдый / мягкий

сахт/мулоим

тяжёлый / легкий

вазнин/сабук

голод / жажда

гуруснагӣ / ташнагӣ

больной / здоровый

бемор/солим

незаконный / законный

ғайриқонунӣ / ҳуқуқӣ

умный / глупый

соҳибақл / беақл

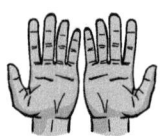

слева / справа

рост/чап

близко / далеко

наздик/дур

новый / подержанный

нави / истифода бурда
мешавад

ничто / нечто

ҳеҷ / чизе

старый / молодой

пир/ҷавон

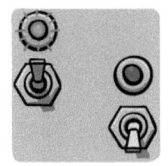

включено / выключено

оид / хомӯш

открыто / закрыто

кушода/пӯшида

тихо / громко

паст/баланд

богатый / бедный

бой/камбағал

правильный /
неправильный
дуруст/нодуруст

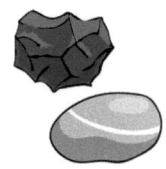

шероховатый / гладкий

дурушт/ҳамвор

печальный / счастливый

ғамгин/хушбахт

короткий / длинный

кӯтоҳ/дароз

медленный / быстрый

оҳиста/тез

мокрый / сухой

тар/хушк

тёплый / прохладный

гарм / сард

война / мир

ҷанг / сулҳ

0

ноль

нол

1

один

як

2

два

ду

3

три

се

4

четыре

чор

5

пять

панҷ

6

шесть

шаш

7

семь

ҳафт

8

восемь

ҳашт

9

девять

нӯҳ

10

десять

даҳ

11

одиннадцать

ёздаҳ

12

двенадцать

дувоздаҳ

13

тринадцать

сензdaҳ

14

четырнадцать

чордаҳ

15

пятнадцать

понздaҳ

16

шестнадцать

шонздaҳ

17

семнадцать

ҳабдaҳ

18

восемнадцать

ҳаждaҳ

19

девятнадцать

нуздaҳ

20

двадцать

бист

100

сто

сад

1.000

тысяча

ҳазор

1.000.000

миллион

миллион

английский

англисӣ

американский английский

англисии амрикой

мандаринский китайский

мандарини хитой

хинди

ҳиндӣ

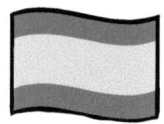

испанский

испанӣ

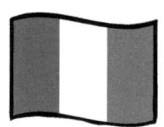

французский

фаронсавӣ

арабский

арабӣ

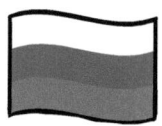

русский

русӣ

португальский

португалӣ

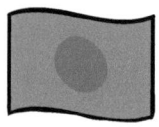

бенгальский

бенгалӣ

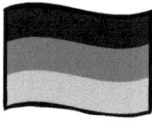

немецкий

олмонӣ

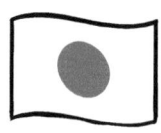

японский

ҷопонӣ

я

ман

ты

шумо

он / она / оно

Ӯ / вай / он

мы

мо

вы

шумо

они

онҳо

кто?

ки?

что?

чӣ?

как?

Чӣ хел?

где?

дар куҷо?

когда?

кай?

имя

ном

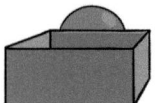

за
....
аз паси

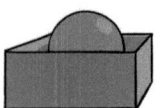

в
....
дар

перед
....
дар пеши

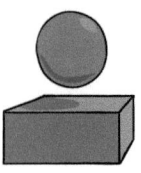

над
....
дар болои

на
....
дар рӯи

под
....
дар зери

рядом
....
дар назди

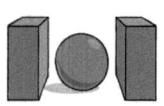

между
....
миёни

место
....
ҷой